스타 IELTS 실전 WRITING 200% 활용법

IELTS 라이팅/스피킹
무료 첨삭 게시판

이용방법

고우해커스
(goHackers.com) 접속
▼
상단의 IELTS 메뉴
▼
라이팅게시판
또는 **스피킹게시판**
클릭하여 이용하기

IELTS 스타강사의
공부전략 무료 강의

이용방법

고우해커스
(goHackers.com) 접속
▼
상단의 IELTS 메뉴
▼
IELTS 공부전략
클릭하여 이용하기

무료 IELTS 자료
게시판

이용방법

고우해커스
(goHackers.com) 접속
▼
상단의 IELTS 메뉴
▼
IELTS 자료게시판
클릭하여 이용하기

스타 IELTS 실전 WRITING
ACADEMIC MODULE

www.goHackers.com

PREFACE

스타 IELTS 실전 Writing은
최신 출제경향과 난이도를 완벽 반영한 실전모의고사로 실전 감각을 극대화하고 목표점수를 단기에 달성할 수 있는 교재입니다.

『스타 IELTS 실전 Writing』은 응시자들이 가장 어려워하는 Writing 파트를 전략적으로 대비하고 유학생활에 있어 꼭 필요한 작문 실력을 키울 수 있도록 IELTS 스타강사의 모든 노하우를 집약한 책입니다.

IELTS 스타강사가 엄선하여 수록한 **20회분의 실전모의고사**는 IELTS 최신 경향과 난이도를 완벽히 반영하고 있으며, **실전과 동일한 구성 및 형태**로 실제 시험을 보는 것처럼 연습할 수 있습니다.

수년간 IELTS 시험을 연구하고 학생들을 가르치며 쌓인 노하우를 바탕으로 **IELTS 고득점 전략과 템플릿을 제시**하였습니다. 문제 유형별 전략과 템플릿에 맞춰 연습하면 고득점 답안을 작성할 수 있습니다.

또한, 실제 답안 작성 순서로 제시된 **상세한 해설**을 통해 자연스럽게 IELTS 실전 Writing의 답안 작성법과 순서를 익힐 수 있습니다. 누구나 따라 쓸 수 있는 현실적인 **모범 답안**과 해석을 수록해 실전에서 쉽게 활용할 수 있도록 했으며 모든 문제마다 **선생님이 알려주는 점수보장 TIP과 필수 어휘**를 제공해 고득점을 위해 놓치지 말아야 할 포인트와 단어를 학습할 수 있습니다.

『스타 IELTS 실전 Writing』은 IELTS Writing을 위한 구체적이고 전략적인 학습 방향을 제시하여 여러분이 원하는 점수를 빠르게 달성할 수 있도록 도울 것입니다.

JungEun Jen Park

CONTENTS
스타 IELTS 실전 WRITING

책의 특징 및 구성	6
IELTS 소개	8
IELTS Writing 소개	10
Jen 선생님이 알려주는 IELTS Writing 학습 전략	12
학습 플랜	14

문제집

Jen 선생님의 IELTS Writing 고득점 전략	17
Actual Test 01	35
Actual Test 02	43
Actual Test 03	51
Actual Test 04	59
Actual Test 05	67
Actual Test 06	75
Actual Test 07	83
Actual Test 08	91
Actual Test 09	99
Actual Test 10	107
Actual Test 11	115
Actual Test 12	123
Actual Test 13	131
Actual Test 14	139
Actual Test 15	147
Actual Test 16	155
Actual Test 17	163
Actual Test 18	171
Actual Test 19	179
Actual Test 20	187

해설집 [책속의 책]

Actual Test 01~20 모범 답안·해석	199

책의 특징 및 구성

01 IELTS Writing의 고득점 달성을 위한 전략과 템플릿

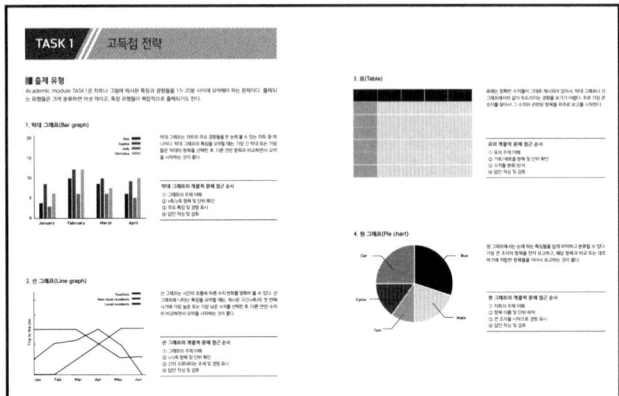

본격적인 문제 풀이 전 [Jen 선생님의 IELTS Writing 고득점 전략]을 통해 TASK1, 2 각각의 출제 유형, 단계별 답안 작성 전략, 템플릿 그리고 고득점 TIP 등을 학습할 수 있다. 템플릿 및 표현들은 답안 작성 시 유용하게 활용 가능하며 답안 작성 전략을 단계별로 상세하게 제공하여 실전 문제 풀이에 들어가기 전 Task 별로 풀이 방법을 완벽하게 익힐 수 있다.

02 실전 감각을 극대화할 수 있는 Actual Test

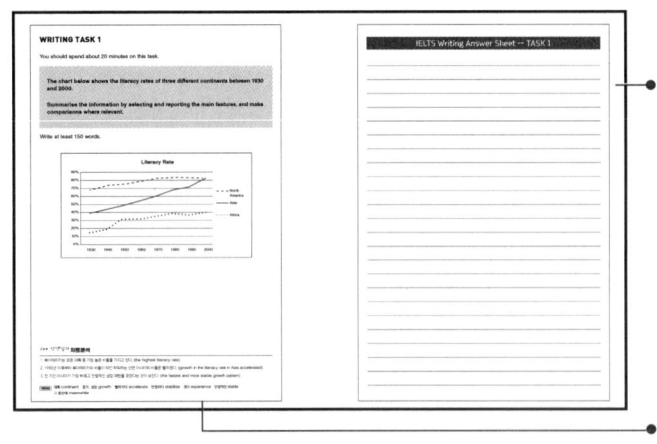

● 실제 IELTS Writing 시험과 유사한 형태 문제로 구성된 테스트 총 20회분을 수록하였다. 최신 출제경향과 난이도를 반영한 테스트로 답안 작성 연습을 충분히 함으로써 실전 감각을 키울 수 있다.

● 모든 문제마다 답안 작성 시 활용할 수 있는 Jen 선생님의 차트분석과 답안 구조 잡기 힌트를 제공하여 글의 방향을 수월하게 잡고, 답안 전체의 완성도를 높이는 연습을 할 수 있다.

스타 IELTS 실전 Writing

03 실제 답안 작성 순서로 제시된 상세한 해설

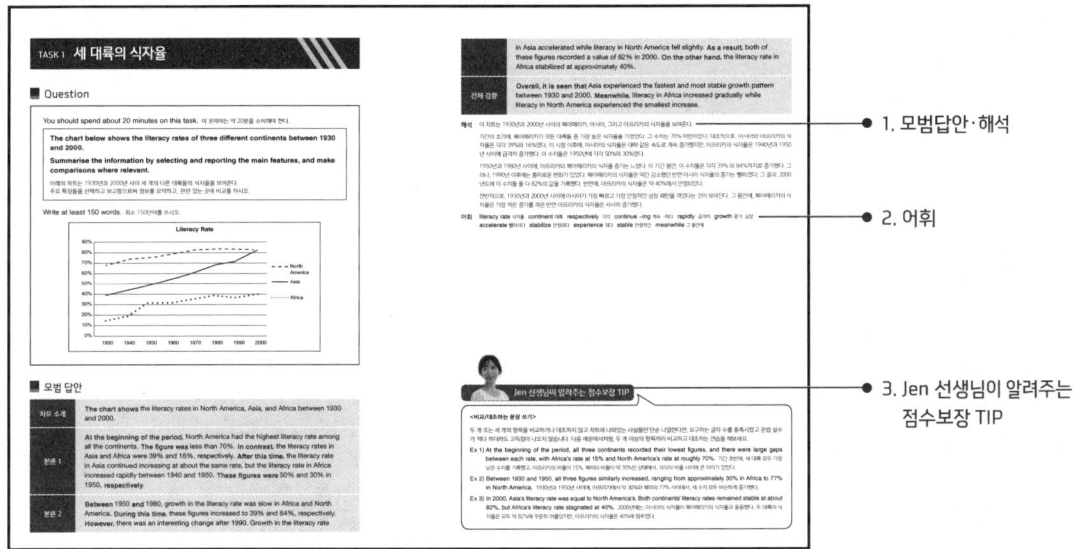

1. 모범답안·해석
2. 어휘
3. Jen 선생님이 알려주는 점수보장 TIP

1. **모범 답안 · 해석**
   자신이 작성한 답안과 비교하여 심화학습을 할 수 있도록 모범 답안과 해석을 제공한다.

2. **어휘**
   모범 답안에 사용된 어휘와 표현을 수록하여 다양한 표현을 익히고 쓸 수 있다.

3. **Jen 선생님이 알려주는 점수보장 TIP**
   각 Task마다 [Jen 선생님이 알려주는 점수 보장 TIP]을 제공하여 답안 작성 시 유의사항, 자주 틀리는 문법, 효과적인 답안 작성 방법 등의 정보를 얻을 수 있다.

IELTS 소개

■ IELTS란?

IELTS(International English Language Testing System)는 영어를 사용하는 곳에서 일을 하거나 공부를 하고 싶어 하는 사람들의 언어 능력을 측정하는 시험이다. Listening, Reading, Writing, Speaking 영역으로 구성되어 있으며 시험 시간은 약 2시간 55분이다. IELTS의 점수는 1.0부터 9.0까지의 Band라는 단위로 평가된다. 총점은 네 영역 점수의 평균 점수로 낸다.

시험은 두 가지 종류가 있는데, 대학교나 그 이상의 교육 기관으로의 유학 준비를 위한 Academic Module과 영국, 캐나다, 호주로의 이민, 취업, 직업 연수 등을 위한 General Training Module이 있다. Listening과 Speaking 영역의 경우 각 모듈별 문제가 같지만, Reading과 Writing 영역은 모듈별 시험 내용이 다르다.

■ IELTS 구성

시험 영역	출제 지문 및 문항 수	시험 시간	특징
Listening	4개 지문 출제 총 40문항 (지문당 10문항)	30분 (답안 작성 시간 10분 별도)	- 영국식, 호주식, 미국식 등의 발음이 출제 - 10분의 답안 작성 시간이 별도로 주어짐 - 객관식, 주관식, 빈칸 완성, 표 완성 등의 문제가 출제됨
Reading	3개 지문 출제 총 40문항 (지문당 13-14문항)	60분	- 길이가 길고 다양한 구조의 지문 출제 - 객관식, 주관식, 빈칸 완성, 표 완성 등의 문제가 출제됨
	* Academic Module은 저널, 신문기사 등과 같이 학술적인 내용의 지문 위주로 출제되며, General Training Module은 사용설명서, 잡지기사 등과 같이 일상생활과 관련된 지문 위주로 출제됩니다.		
Writing	Task 1: 1문항 Task 2: 1문항	60분	- Task 간의 시간 구분 없이 시험이 진행됨 - Task 1보다 Task 2의 배점이 높음
	* Academic Module의 Task 1은 그래프, 표 등 시각자료를 보고 요약문 쓰기가 과제로 출제되며, General Training Module의 Task 1은 부탁, 초대 등 주어진 목적에 맞게 편지 쓰기가 과제로 출제됩니다. Task 2는 에세이 쓰기 과제가 동일한 형식으로 출제됩니다.		
Speaking	3개 Part로 구성 Part 1: 10-15문항 Part 2: 1문항 Part 3: 4-6문항	11-14분	- 시험관과 1:1 인터뷰 형식으로 진행됨 - 모든 시험 내용이 녹음됨
	약 2시간 55분		

■ IELTS 관련 제반 사항

실시일	· Paper-based IELTS는 매달 4회, Computer-delivered IELTS는 매주 최대 6회 시험이 있음
시험 장소	· Paper-based IELTS와 Computer-delivered IELTS는 영국 문화원 또는 IDP 주관 공식 지정 장소에서 치러짐
접수 방법	· Paper-based IELTS는 인터넷 또는 현장(IDP 공식 접수처) 접수 가능 · Computer-delivered IELTS는 인터넷 접수만 가능
시험 당일 준비물	· 신분 확인은 여권으로만 진행되므로 여권 필수 지참 (IDP 이외 경로로 시험을 접수한 경우, 여권 사본도 지참) · Paper-based IELTS로 등록한 경우, 필기구(연필/샤프, 지우개) 지참

성적 및 리포팅	· 성적 발표 소요 기간:
	  - Paper-based IELTS는 응시일로부터 13일째 되는 날
	  - Computer-delivered IELTS는 응시일로부터 1~2일 사이
	· 성적표는 온라인으로 조회 가능하며, 방문 수령(휴일/공휴일 제외) 혹은 우편 수령 가능
	· 재채점: 시험 응시일로부터 6주 이내에 4개 영역 중 원하는 영역에 대한 재채점 신청 가능
	· IELTS One Skill Retake: Computer-delivered IELTS 응시일로부터 60일 이내에 4개 영역 중 한 영역만 선택해 재시험 신청 가능
	· 리포팅: 전자 성적표를 해외 기관에 보내는 것은 무료
	· 성적표 재발급: 출력된 성적표는 시험일로부터 일부 기간만 재발급 가능하며, 일부 부수까지만 무료로 발급할 수 있음
	  *재채점, IELTS One Skill Retake, 성적표 재발급에 대한 기한 및 비용 등과 같은 세부 규정은 시험 접수한 기관 홈페이지에서 확인

■ 시험장 Tips

· 입실 시 소지품을 모두 보관소에 맡긴다. 시험실에 들고 가는 필기구와 물병 등에 글씨가 쓰여 있는 경우 수거될 수 있다.
· 입실 전 본인 확인을 위한 사진 촬영과 지문 확인 시간이 있다.
· 감독관의 안내는 영어로 이루어진다.
· 필기 시험은 별도의 쉬는 시간 없이 이어서 진행된다. Paper-based IELTS와 Computer-delivered IELTS 시험 도중에 화장실에 가야 할 경우 손을 들어 의사를 표시하면, 감독관의 동행하에 화장실을 갈 수 있다.

IELTS Writing 소개

IELTS Writing의 구성

IELTS Academic Module의 Writing 영역은 60분간 TASK 1과 TASK 2 두 문제에 답하게 된다.

Writing Task 1

Task 1에서는 주어진 그래프, 도표, 차트, 그림 등을 토대로 데이터를 비교·분석하는 글을 작성한다.

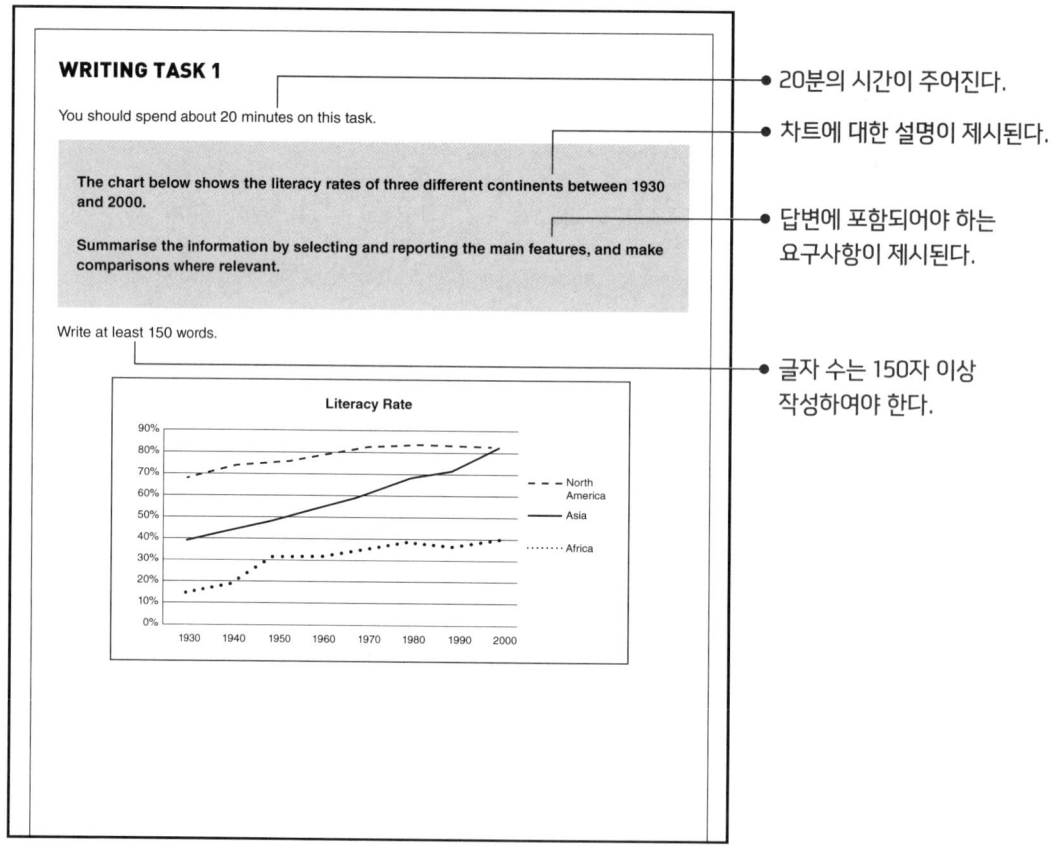

- 20분의 시간이 주어진다.
- 차트에 대한 설명이 제시된다.
- 답변에 포함되어야 하는 요구사항이 제시된다.
- 글자 수는 150자 이상 작성하여야 한다.

Writing Task 2

Task 2에서는 주어진 주장이나 문제에 대한 관점이나 논쟁, 문제점 등을 파악하고 해결책 또는 자신의 의견 등을 에세이 형식의 글로 작성한다.

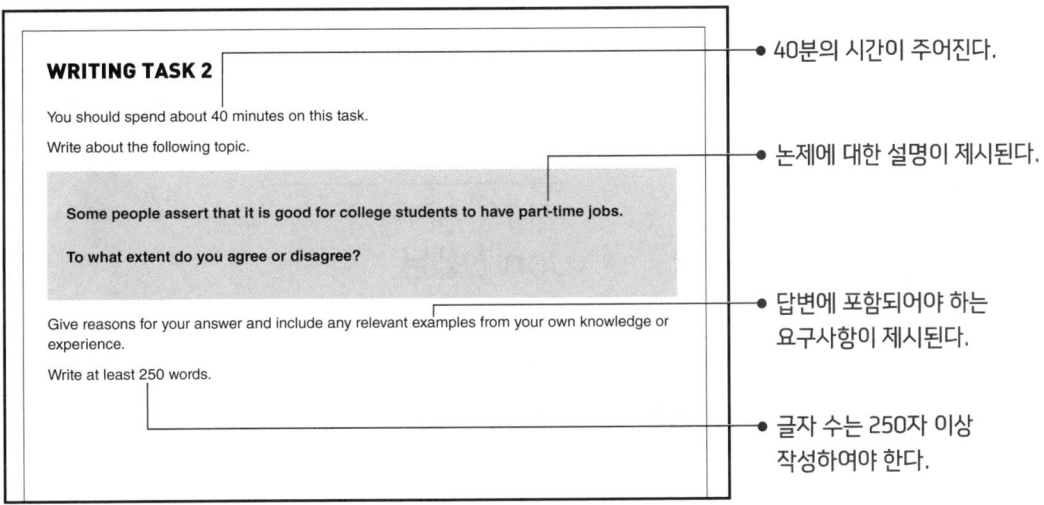

■ IELTS Writing 채점 기준

평가 항목	비율
과제 성취도(Task1), 주제 부합(Task2)	25%
일관성과 결속성(Coherence and Cohesion)	25%
어휘력(Lexical Resource)	25%
문법의 다양한 활용과 정확성(Grammatical Range and Accuracy)	25%

Jen 선생님이 알려주는
IELTS Writing 학습 전략

IELTS 스타강사
Jen 선생님

TASK 1

1. 차트나 그림의 주요 경향만 요약합니다.
- 차트나 그림에 드러난 모든 세부사항들을 요약할 필요는 없습니다.
- 주요한 경향과 비교할 사항들에만 표시를 합니다.
- 평소에도 실전처럼 약 20분 정도의 시간 안에 특징만 빠르게 요약하는 연습을 합니다.

2. 글의 목적에 맞는 답안을 작성합니다.
- 제시된 정보를 요약하고 분석하되, 자신의 생각을 주장하지 않도록 주의합니다.
- 모범 답안을 통해서 차트나 그림의 전체 경향을 적절히 파악하는 연습을 합니다.
- 간결하고 명확한 보고서 문체를 유지합니다.

3. 다양한 템플릿 표현들을 암기합니다.
- 교재에 수록된 템플릿 표현들을 이용해서 답안 작성 시간을 줄입니다.
- 제시된 특징들을 비교하고 대조하는 문장 구조들(비교급, 최상급 등)을 활용합니다.
- 문장의 핵심 표현(예: surpass, skyrocket 등)들을 표시하고, 문장 전체를 암기합니다.

TASK 2

1. 문제의 요구사항을 정확하게 파악합니다.
- '주제'와 연관된 핵심 단어들을 문제에 표시해 놓고, 주제에서 벗어나지 않도록 주의합니다.
- 문제의 '유형'을 파악한 후, 논리 전개 방향을 결정합니다.
- 작성할 답안을 제시된 '주제'와 문제 '유형'에 맞게 계획해서 안정권의 점수를 공략합니다.

2. 입장 전달이 명확한 답안을 작성합니다.
- 정답을 추구할 필요는 없으나, 자신의 입장을 명확히 전달할 필요는 있습니다.
- 확신이 없는 문장 구조나 표현은 사용하지 않습니다.
- 모범 답안을 충분히 복습하여 유용한 문장 구조와 표현들을 숙지합니다.

3. 다양한 템플릿과 주제별 아이디어들을 숙지합니다.
- 교재에 수록된 유용한 표현들을 암기합니다.
- 모범 답안을 통해 소개되는 다양한 주제별 핵심 아이디어들을 숙지합니다.
- 새로운 문제를 풀기 전에 적용 가능한 템플릿 표현들과 아이디어들을 떠올려봅니다.

학습 플랜

2주 완성 학습 플랜

	DAY 1	DAY 2	DAY 3	DAY 4	DAY 5
WEEK 1	Actual Test 1&2 진행 및 심화학습	Actual Test 3&4 진행 및 심화학습	Actual Test 5&6 진행 및 심화학습	Actual Test 7&8 진행 및 심화학습	Actual Test 9&10 진행 및 심화학습
WEEK 2	Actual Test 11&12 진행 및 심화학습	Actual Test 13&14 진행 및 심화학습	Actual Test 15&16 진행 및 심화학습	Actual Test 17&18 진행 및 심화학습	Actual Test 19&20 진행 및 심화학습

학습 플랜 활용 방법

1. 학습 플랜에 따라 하루에 Actual Test 2회분을 제한된 시간 내에 진행한다.

2. 심화학습을 통해 해설집의 모범 답안을 참고하여 자신의 답안 내용을 점검한다. 전체적인 글의 구조와 전개 방식이 문제의 핵심 요구 사항에 부합하는지, 중요한 정보가 빠져 있지는 않은지 등을 확인한다.

3. 모범 답안에 등장한 어휘 중 모르는 것을 학습하고 암기한다.

4. 모범 답안과 비교한 내용으로 SELF-CHECK LIST를 활용하여 자신의 부족한 부분과 개선할 부분을 확인하고 정리해 본다.

스타 IELTS 실전 Writing

4주 완성 학습 플랜

	DAY 1	DAY 2	DAY 3	DAY 4	DAY 5
WEEK 1	Actual Test 1 진행 및 심화학습	Actual Test 2 진행 및 심화학습	Actual Test 3 진행 및 심화학습	Actual Test 4 진행 및 심화학습	Actual Test 5 진행 및 심화학습
WEEK 2	Actual Test 6 진행 및 심화학습	Actual Test 7 진행 및 심화학습	Actual Test 8 진행 및 심화학습	Actual Test 9 진행 및 심화학습	Actual Test 10 진행 및 심화학습
WEEK 3	Actual Test 11 진행 및 심화학습	Actual Test 12 진행 및 심화학습	Actual Test 13 진행 및 심화학습	Actual Test 14 진행 및 심화학습	Actual Test 15 진행 및 심화학습
WEEK 4	Actual Test 16 진행 및 심화학습	Actual Test 17 진행 및 심화학습	Actual Test 18 진행 및 심화학습	Actual Test 19 진행 및 심화학습	Actual Test 20 진행 및 심화학습

학습 플랜 활용 방법

1. 학습 플랜에 따라 하루에 Actual Test 1회분을 제한된 시간 내에 진행한다.
2. 심화학습을 통해 해설집의 모범 답안을 참고하여 자신의 답안 내용을 점검한다. 전체적인 글의 구조와 전개 방식이 문제의 핵심 요구 사항에 부합하는지, 중요한 정보가 빠져 있지는 않은지 등을 확인한다.
3. 모범 답안에 등장한 어휘 중 모르는 것을 학습하고 암기한다.
4. 모범 답안과 비교한 내용으로 SELF-CHECK LIST를 활용하여 자신의 부족한 부분과 개선할 부분을 확인하고 정리해 본다.

www.goHackers.com

Jen 선생님의

IELTS Writing 고득점 전략

TASK 1 고득점 전략	출제 유형
	답안 구성
	실전 문제풀이 전략

TASK 2 고득점 전략	출제 유형
	답안 구성
	실전 문제풀이 전략

TASK 1 // 고득점 전략

■ 출제 유형

Academic module TASK1은 차트나 그림에 제시된 특징과 경향들을 15-20분 사이에 요약해야 하는 문제이다. 출제되는 유형들은 크게 분류하면 여섯 개이고, 특정 유형들이 복합적으로 출제되기도 한다.

1. 막대 그래프(Bar graph)

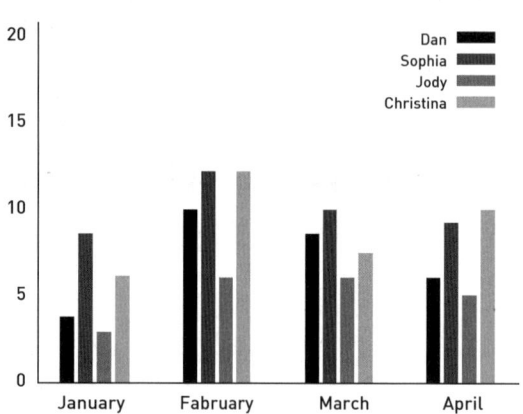

막대 그래프는 차트의 주요 경향들을 한 눈에 볼 수 있는 차트 중 하나이다. 막대 그래프의 특징을 요약할 때는, 가장 긴 막대 또는 가장 짧은 막대의 항목을 선택한 후, 다른 연관 항목과 비교하면서 요약을 시작하는 것이 좋다.

막대 그래프의 개괄적 문제 접근 순서

① 그래프의 주제 이해
② x축/y축 항목 및 단위 확인
③ 주요 특징 및 경향 표시
④ 답안 작성 및 검토

2. 선 그래프(Line graph)

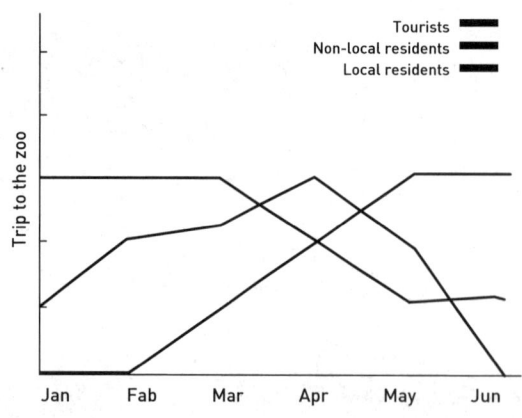

선 그래프는 시간의 흐름에 따른 수치 변화를 명확히 볼 수 있다. 선 그래프에 나타난 특징을 요약할 때는, 제시된 구간(x축)의 첫 번째 시기에 가장 높은 또는 가장 낮은 수치를 선택한 후, 다른 연관 수치와 비교하면서 요약을 시작하는 것이 좋다.

선 그래프의 개괄적 문제 접근 순서

① 그래프의 주제 이해
② x/y축 항목 및 단위 확인
③ 선의 오르내리는 추세 및 경향 표시
④ 답안 작성 및 검토

3. 표(Table)

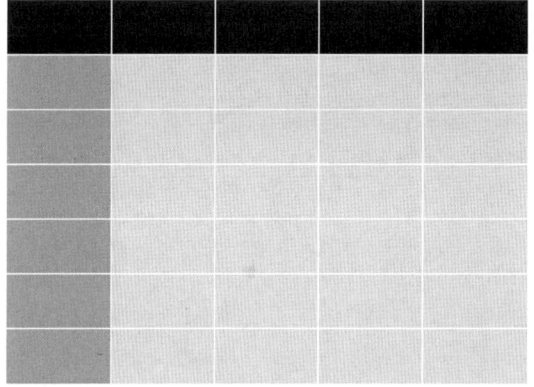

표에는 정확한 수치들이 그대로 제시되어 있어서, 막대 그래프나 선 그래프에서와 같이 두드러지는 경향을 보기가 어렵다. 주로 가장 큰 숫자를 찾아서 그 수치와 관련된 항목들 위주로 보고를 시작한다.

표의 개괄적 문제 접근 순서

① 표의 주제 이해
② 가로/세로줄 항목 및 단위 확인
③ 수치들 분류/분석
④ 답안 작성 및 검토

---

4. 원 그래프(Pie chart)

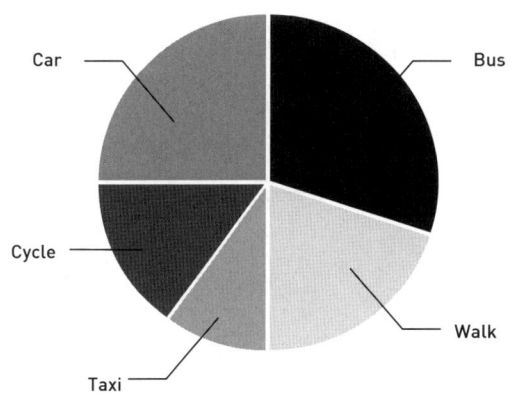

원 그래프에서는 눈에 띄는 특징들을 쉽게 파악하고 분류할 수 있다. 가장 큰 조각의 항목을 먼저 보고하고, 해당 항목과 비교 또는 대조하기에 적합한 항목들을 이어서 보고하는 것이 좋다.

원 그래프의 개괄적 문제 접근 순서

① 차트의 주제 이해
② 항목 이름 및 단위 파악
③ 큰 조각을 시작으로 경향 표시
④ 답안 작성 및 검토

---

5. 과정(Process)

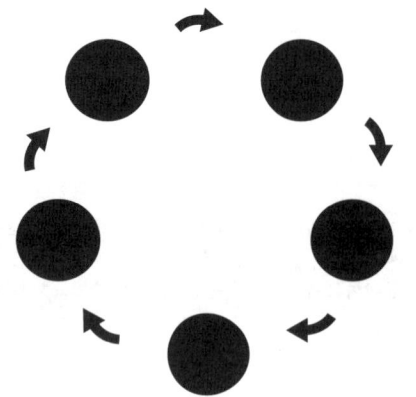

과정을 요약하는 문제는 앞에서 소개된 유형들에 비해서 출제 빈도가 낮다. 그림에 제시된 단계별 정보를 보면서 내용(예: 신문이 재활용되는 과정)을 순서대로 요약해야 한다.

과정의 개괄적 문제 접근 순서

① 그림의 주제 이해
② 단계별로 제시된 핵심 정보 파악
③ 그림을 토대로 전 과정 이해
④ 답안 작성 및 검토

---

6. 지도(Map)

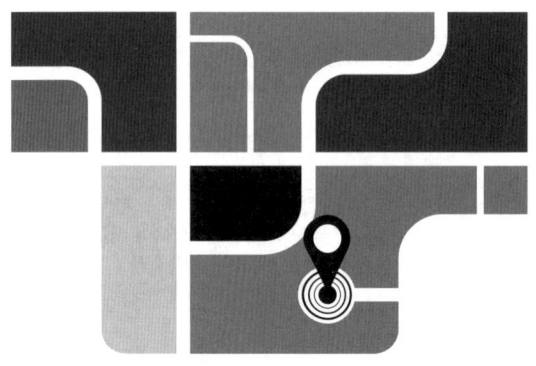

지도 상의 내용을 요약하는 문제도 출제 빈도가 낮은 편에 속한다. 지도에 표현된 특정 지역(예: 마을, 섬, 공원 등)에서 지도 상의 건물이나 시설들의 배치를 요약해야 한다.

지도의 개괄적 문제 접근 순서

① 지도의 주제 이해
② 지도에 제시된 핵심 정보 파악
③ 구조/위치 별 특징 표시
④ 답안 작성 및 검토

■ 답안 구성

실제 시험에서 제안된 시간(최대 20분)동안 정해진 분량(최소 150단어)으로 글을 작성할 때는 글 전체를 전략적으로 작성해야 한다. 이상적인 답안 분량은 175-180단어 정도이므로, 불필요하게 많이 쓰기보다는 간결하게 요령껏 글을 작성해야 제한 시간 안에 답안을 완성하기 수월하고 목표점수를 공략하는 데도 효과적이다.

차트 소개

차트를 소개하는 문장을 쓸 때는 다양한 표현을 시도하고 자세하게 쓰려고 하기보다는 한두 문장으로 간단하게 써야 한다. 채점자가 기대하는 요소는 응시자의 동의어 활용 능력이므로, 해당 능력을 확인시켜줌과 동시에 문제에 대한 이해를 보여주어야 한다.

차트 소개 템플릿

차트 소개	· The graph/diagram/map shows + 차트/그림의 핵심내용. · The two/three charts give information concerning + 차트/그림의 핵심내용.

본론

TASK1에서는 차트 상의 주요 특징들을 그대로 가져와 요약을 하기 때문에 TASK1에서 유지해야 하는 보고서 문체는 전반적으로 간결하고 명확하다. 두드러진 특징들로 문단을 구성할 때는 문장과 문장 사이에 적절한 전환 어구(In contrast / Similarly / However 등)를 사용해서 문장들을 매끄럽게 연결하는 것에 신경 써야 하고, 언급한 내용과 관련 있는 수치 또는 세부사항들을 적절하고 정확하게 제시해야 한다. 이렇게 최소 3~4문장으로 구성된 본론 문단은 주로 평균 두 개 정도가 필요하고, 경우에 따라 세 개가 필요할 수도 있다.

유용한 전환어구들

Meanwhile,	그러는 동안,	As the same time,	동시에,
Over time,	시간에 걸쳐서,	As a result,	그 결과로,
Next,	후에,	After this step,	이 단계 후에,
Then,	그리고 나서,	Subsequently	그 후에,
Eventually,	마침내,	At this point,	이 시점에서,
Gradually,	서서히,	Afterwards,	그 후,
During this stage,	이 단계 동안,	Finally,	마지막으로,
Similarly,	유사하게,	In contrast,	대조적으로,

본론 템플릿

본론 1	· **According to the chart/diagram,** + 차트/그림의 주요 경향1. · **In particular,** + 수치/세부사항 보고. · **It is also observed that** + 차트/그림의 주요 경향2. · **The figure/figures was/were** + 수치/세부사항 보고.
본론 2	· **As seen from the second chart/diagram,** + 차트/그림의 주요 경향3. · **It is clear that** + 수치/세부사항 보고. · **Lastly, it is noteworthy that** + 차트/그림의 주요 경향4. · **In/By** 연도, + 수치/세부사항 보고.

전체 경향

전체 경향(overview)은 차트 전반의 특징을 아우르는 개괄적인 문장으로, 글을 마무리하는 목적으로 작성한다. 개인적인 생각이나 지식을 토대로 주장하면 안되고 차트에 제시된 수치적 사실에 근거하여 작성해야 한다. 답안의 마지막 문단에 배치하는 것이 이상적이지만 첫 번째 문단에서 차트를 소개하면서 동시에 전체경향을 제시하는 것도 가능하다.

전체 경향 템플릿

전체 경향	· **Overall, it is seen that** + 차트/그림에 드러난 개괄적 경향 + **over the period.**

■ 실전 문제풀이 전략

STEP 1 ▶ 차트 분석하기

실전 문제풀이 연습의 첫 번째 단계는 문제를 읽고 난 후, 차트의 주제를 파악하고, 눈에 띄는 수치들의 특징과 경향을 차트 상에 표시하거나 간단하게 메모하는 것이다.

You should spend about 20 minutes on this task. 이 문제에는 약 20분을 소비해야 한다.

> **The chart below shows the amount of water used per month by an average household in Japan, Portugal, Canada, and China between 1990 and 2010.**
>
> **Summarize the information by selecting and reporting the main features, and make comparisons where relevant.**
>
> 아래 차트는 1990과 2010년 사이 일본, 포르투갈, 캐나다, 그리고 중국의 일반 가정에 의해 매달 사용된 물의 양을 보여준다. 주요 특징들을 선택하고 보고함으로써 정보를 요약하고, 관련 있는 곳에 비교를 하시오.

Write at least 150 words. 최소 150단어를 쓰시오.

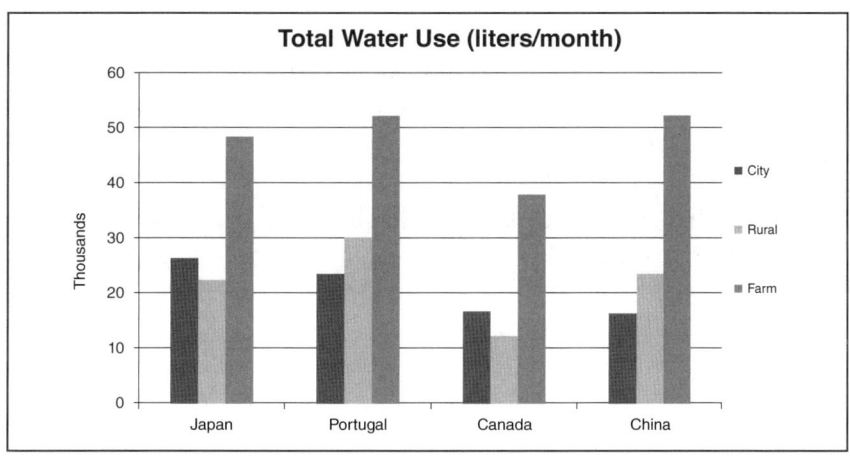

- **차트의 주제**
  - 국가별 물 사용량을 비교하는 차트이다.

- **차트에 드러난 주요 경향**
  - 농장 지역 가정들이 가장 많은 물을 사용했다.
  - 시골 지역 가정 물 사용량은 그 어느 국가에서도 30,000리터를 초과하지 않았다.

- **차트 전반의 경향**
  - 모든 나라에서 농장 주민들이 대부분의 물 소비량을 차지했다.

 차트 분석 TIP

문제를 읽으면서 차트의 주제를 빠르게 확인하고, 그 주제와 연관 있는 표현들과 주의할 점들을 메모해 두어야 합니다. 그러고 나서, 차트에 드러난 주요 경향들을 파악하기 위해서 서로 비교하거나 대조할만한 항목들은 무엇인지 찾아서 표시하고, 차트 전반에 걸쳐서 드러난 경향은 무엇인지도 생각해 보아야 합니다.

| STEP 2 | 답안 작성하기 |

문제에 대한 이해를 토대로 제한시간을 두고 답안을 작성하는 단계이다. 주어진 시간이 짧고 요구되는 글자 수가 적은 편이기 때문에 TASK 1답안은 전략적으로 그리고 빠르게 작성되어야 한다.

차트 소개	**The bar graph shows** the average water consumption per household in urban, rural, and farm areas of China, Canada, Portugal and Japan between 1990 and 2010.
본론 1	**According to the chart**, farm households used the most water in all four countries. **In particular**, farm residents in Portugal and China used more than 50,000 liters of water per month. Japanese households used about 48,000 liters per month, and Canadian households used about 38,000 liters per month. **It is also observed that** the combined use of water among rural and city residents **was roughly equal to** the amount of water used by farm residents.
본론 2	**The data shows that** household water use in rural areas did not exceed 30,000 liters in any country. Rural water use was 30,000 liters in Portugal and only approximately 12,000 liters in Canada. **Moreover, it is noteworthy that** water use in city households exceeded water use in rural households in Japan and Canada. **However, the opposite trend was seen in** China and Portugal.
전체 경향	**Overall, it is seen that** farm residents accounted for the majority of water consumption in all four countries.

해석   막대 그래프는 1990년과 2010년 사이 중국, 캐나다, 포르투갈, 그리고 일본의 도시, 시골, 그리고 농장 지역 가정 마다의 평균 물 소비량을 보여준다.

차트에 따르면, 네 개 국가 모두에서 농장 지역 가정들이 가장 많은 물을 사용했다. 특히, 포르투갈과 중국의 농장 주민들은 매달 50,000리터 이상의 물을 사용했다. 일본 가정들은 매달 약 48,000리터를 사용했고, 캐나다 가정들은 매달 약 38,000리터를 사용했다. 시골과 도시 주민들 사이에서의 물 사용량 합은 농장 주민들에 의해 사용된 물의 양과 거의 같았다는 것 또한 관찰된다.

자료는 시골 지역 가정의 물 사용량은 그 어느 국가에서도 30,000리터를 초과하지 않았다는 것을 보여준다. 포르투갈 시골의 물 사용량은 30,000리터였고, 캐나다에서는 오직 대략 12,000리터였다. 게다가, 일본과 캐나다 도시 가정들에서의 물 사용량이 시골 가정들의 물 사용량을 초과했다는 것이 주목할 만하다. 그러나, 중국과 포르투갈에서는 반대 경향이 보여진다.

전반적으로, 네 개 국가 모두에서 농장 주민들이 물 소비량의 대부분을 차지했다는 것이 보여진다.

답안 작성 TIP

TASK 1 답안은 차트를 소개하는 문장으로 시작합니다. 본론에서는 하나하나의 항목에 집중하지 말고 두세 개의 항목들을 묶어서 비교하고 대조하면서 주요 특징들을 보고하면 되고, 완성도 있는 보고서의 마무리를 위해 차트 전체의 특징을 담아낸 문장도 꼭 필요합니다.

차트 전체의 특징을 요약한 문장의 유무는 점수에 큰 영향을 미칩니다. 답안의 마지막 또는 도입부 둘 중 한 곳에 서술할 수 있지만, 답안의 중간에 삽입할 경우, 전체 경향을 쓰지 않은 것으로 간주되어 감점을 유발합니다. 답안의 도입부에 차트 소개 다음에 연달아 서술하는 경우, 다음의 내용이 첫 번째 문단이 되므로, 총 세 개의 문단으로 답안이 구성될 수 있습니다.

Ex) **The bar graph shows** the average water consumption per household in urban, rural, and farm areas of China, Canada, Portugal and Japan between 1990 and 2010. **Overall, it is seen that** farm residents accounted for the majority of water consumption in all four countries.

STEP 3 ■ 답안 교정하기

모의고사 형식으로 작성한 답안을 토대로 문제점을 파악해보고 개선할 방법을 찾는 단계이다. 각각의 요구 사항들을 충족시켰는지를 천천히 체크하고 생각해보면서, 스스로의 답안을 분석하고 문제점을 찾아서 교정해 보아야 실력향상의 기반이 된다.

SELF-CHECK LIST

차트 소개
- 문제를 그대로 옮겨 쓰지 않고 동의어를 활용했는가?   ☐ Yes ☐ No

본론
- 본론에 두 개 이상의 항목/정보들을 비교 또는 대조했는가?   ☐ Yes ☐ No
- 제시된 수치/정보들을 적절한 곳에 포함하며 특징을 요약했는가?   ☐ Yes ☐ No

전체 경향
- 차트/그림 전반의 경향을 담고 있는 문장을 답안에 제시했는가?   ☐ Yes ☐ No

추가 사항
- 적절하고 다양한 전환 어구들을 사용해서 문단을 구성했는가?   ☐ Yes ☐ No
- 글을 완성한 후, 눈에 띄는 문법 실수를 수정했는가?   ☐ Yes ☐ No
- 정해진 글자 수(최소150단어)를 채웠는가?   ☐ Yes ☐ No

 답안 교정 TIP

실제 시험 전, 이 교재를 통해서 문제풀이 '연습'을 할 때는, 약 20분 동안의 답안 작성 후, 10분 이상의 충분한 시간을 할애하여 위에 제시된 SELF-CHECK LIST를 작성해야 합니다. 제시된 질문들을 생각해 보면서 여러분이 작성한 글 전체를 꼼꼼하게 분석하고, 충족되지 않는 부분들의 개선사항을 찾기 위해 고민하고 질문해야 합니다.

또한, 눈에 띄는 작문 실력 향상을 위해서는 시험의 특징을 잘 아는 전문가로부터 여러분의 답안을 교정받은 후, 첨삭 결과를 통해 답안 작성법과 학습량을 점검하는 시간이 꼭 필요합니다. 개인별 맞춤 첨삭을 통해 문법, 어휘, 논리 전반의 향상을 추구해야 시험 준비 기간 동안 여러분의 영어 실력이 늘 수 있고, 성공적인 유학 생활까지 자연스럽게 준비할 수 있다는 점을 명심하기 바랍니다.

첨삭 ex)
~~We can see that~~ **As clearly seen from the chart,** ~~the~~ households in farm area~~s~~ used the most ~~amount of~~ water ~~among~~ *in* all four countries. ~~Especially,~~ **In particular,** the farm household~~s~~ ~~of~~ *in* Portugal and China used ~~water~~ more than 50,000 liters ~~of water~~ per month.

TASK 2 　　고득점 전략

■ 출제 유형

TASK 2는 academic module과 general training module의 공통되는 부분으로 다양한 유형과 주제에 대해 개인의 입장을 서술해야 하는 문제이다. 전문적 지식을 요구하는 것이 아니기 때문에, 유형별 특징을 파악하고 전략적으로 준비하는 것이 목표 점수에 효율적으로 도달하는 방법이다. 출제되는 문제들은 크게는 세 종류로 분류할 수 있고, 아래 세가지 유형이 복합형으로 출제되기도 한다.

1. 주장(Assertion)

응시자들에게 가장 익숙한 유형이다. 자신의 생각을 적절한 근거와 함께 주장하면 되므로 동의 여부와 관계없이 논리 전개만 잘하면 좋은 점수를 받을 수 있다.

Sample Question

Art should be a compulsory class for high school students.
To what extent do you agree or disagree?

미술은 고등학교 학생들에게 의무 수업이어야 한다.
당신은 어느 정도까지 동의 또는 반대하는가?

2. 비교/대조(Compare/Contrast)

제시된 이슈에 대한 장단점을 비교하거나, 상반되는 두 개의 입장을 비교하도록 요구하는 문제이다. 단순히 동의 여부를 질문한 것이 아니기 때문에 문제에서 요구하는 대로 두 관점을 모두 논의해야 한다.

Sample Question

Some people believe that the costs of space exploration are worth it, but others believe that space exploration is a waste of money.
Discuss the advantages and disadvantages of space research.

몇몇 사람들은 우주 탐사의 비용이 그만큼의 가치가 있다고 생각하지만 다른 이들은 우주 탐사가 돈 낭비라고 생각한다.
우주 탐구의 장점과 단점을 논하시오.

3. 원인/문제점&해결책(Causes/Problems&Solutions)

특정 상황이나 현상이 일어나고 있는 이유를 설명해야 하거나 현대사회에서 문제가 되고 있는 것들에 대한 원인과 해결책을 설명하도록 요구하는 문제 유형이다.

Sample Question

The environment is changing rapidly because humans are destroying nature to meet their needs.

Discuss this cause of environmental change and suggest some solutions for this problem.

사람들이 그들의 필요를 충족시키기 위해서 자연을 파괴하고 있기 때문에 환경이 빠르게 바뀌고 있다.

이러한 환경 변화의 원인을 논하고 이 문제에 대한 해결책을 제안하시오.

4. 복합형(Complex types)

앞서 소개한 세 가지 문제유형이 복합적으로 출제되는 문제이다. 단순히 동의 여부를 질문한 것이 아니기 때문에, 한 개 또는 두 개로 제시되는 질문을 주의 깊게 읽고 답안을 계획해야 한다.

Sample Question 1

Discuss the effects of a criminal's right to a trial by jury.

Is this a positive or negative thing? How does this affect criminals and society?

배심재판에 대한 범죄자의 권리의 영향을 논하시오.

이것은 긍정적인 것인가 또는 부정적인 것인가? 어떻게 이것이 범죄자들과 사회에 영향을 주는가?

Sample Question 2

Some experts are concerned that people in modern society change their electronic devices when not necessary.

Why is this phenomenon occurring? Explain if this will have a positive or negative effect on society.

몇몇 전문가들은 현대 사회의 사람들이 필요하지 않을 때 그들의 전자 기기를 바꾼다는 것을 우려한다.

왜 이런 현상이 일어나고 있는가? 이것이 사회에 긍정적 또는 부정적 영향을 미칠 것인지 서술하시오.

■ 답안 구성

약 40분의 시간 동안 짧은 에세이(250-280단어)를 작성할 때는 글 전체를 전략적으로 작성해야 실전 상황에서 침착할 수 있다. 정답을 추구하기보다는 요령껏 글을 작성해야 writing에서 6.5-7.5점 사이 안정권의 점수대를 공략하기 수월하고, 7점 정도의 overall score를 얻는 데도 도움이 된다.

서론

서론에는 글 전체가 어떻게 전개될지를 한눈에 볼 수 있는 논제 문장(thesis sentence)이 필요하다. 서론의 첫 번째 문장에서는 주제에 대한 이해가 드러나야 하고, 두세 번째 문장에 걸쳐서 글이 전개될 방향을 개괄적으로 제시해야 한다. 각 유형별 기본형 템플릿은 다음과 같다.

서론 템플릿

주장	· Some people believe that + 문제의 핵심내용. They claim that + 앞 문장의 주장 관련 이유. · I support (또는 I do not support) this idea because + 관련 이유 2-3개 제시.
비교/대조	· Many people believe that + 문제의 핵심내용 중 장점. · Nevertheless, there are some people who believe that + 문제의 핵심내용 중 단점 + because + 이유. · This issue is contentious because it combines positive factors such as + 장점 + with negative elements like + 단점.
원인/문제점 & 해결책	· Many experts have become concerned because + 문제의 핵심내용. · In response to this problem, + 해결 방향 제시.
복합형	· 문제의 핵심내용 + has/have been acknowledged by many experts in modern society. · There are various reasons for + 질문사항 1, and this also has many effects on + 질문사항 2.

본론

본론은 주로 6-8문장 정도로 간결한 내용을 담으며, 첫 문장에는 주제에 대한 명확한 입장과 근거를 밝힌다. Task 2에 적합한 전략적인 주제문은 한 문장 정도로 간결하게 서술하는 것이 이상적이지만, 주어진 주제에 따라 주제문의 배경을 설명하는 것도 좋다. 즉, 다양한 문제들을 풀면서 전략적이고 주제에서 벗어나지 않는 주제문 쓰기 연습을 해야 한다. 도입부에서 명확한 입장을 밝혔다면, 두세 문장 정도의 분량으로 구체적인 예시를 제시해서 앞서 서술한 내용에 힘을 실어야 한다. 그리고 제시한 예시가 주제문을 어떻게 뒷받침하는지를 설명해주는 문장과 문단 전체를 마무리하는 문장이 있어야 본론의 완성도가 높아진다.

Specifically,	분명히,	In particular,	특히,	In the same way,	같은 방식으로,
Similarly,	유사하게,	Likewise,	마찬가지로,	However,	그러나,
In contrast,	그에 반해서,	Nevertheless,	그럼에도 불구하고,	Notwithstanding,	그러하긴 하지만,
On the other hand,	다른 한편으로는,	For example,	예를 들면,	For instance,	예를 들어,
In fact,	실제로,	To illustrate,	예를 들면,	As a result,	결과적으로,
Consequently,	따라서,	For this reason,	이런 이유로,	Therefore,	그러므로,
Hence,	이런 이유로,	Thus,	따라서,		

본론 템플릿

본론 1	· **Firstly,** + 본론 1의 입장 + **because** + 이유. · **It is a well-known fact that** + 앞 문장과 관련된 배경. · **For example,** + 구체적인 예시. · **As this shows,** + 예시와 주장의 연관성 설명. · **Therefore, it is evident that** + 본론 1의 입장을 다시 확인하며 마무리.
본론 2	· **Moreover,** + 본론 2의 입장. **This is because** + 이유. · **Many experts believe that** + 앞 문장과 관련된 배경. · **For instance,** + 구체적인 예시. · **This clearly illustrates that** + 예시와 주장의 연관성 설명. · **For this reason, it is undeniable that** + 본론 2의 입장을 다시 확인하며 마무리.

결론

글의 마지막을 장식하는 결론 문단에서는 본론 두 개에 걸쳐 논의했던 주요 논점들을 요약하면서 주제에 대한 입장을 명확하게 요약해야 한다. 두세 문장 정도로만 짧게 구성하되 본론에서 논의되지 않은 내용을 언급하지 않도록 주의해야 한다. 같은 표현의 반복을 피하기 위해서 paraphrasing 실력이 요구되는 문단이므로, 교재에 수록된 모범 답안을 통한 꾸준한 학습이 필요하다.

결론 템플릿

주장	· **In conclusion, it is evident that** + 본론 1과 본론 2의 핵심내용 요약. · **For these reasons, I believe that** + 내 입장 요약.
비교/대조	· **To sum up, it is clear that there are many advantages of** + 에세이 주제 + **because** + 장점의 내용. · **However, there are also significant drawbacks because** + 단점의 내용.
원인/문제점 & 해결책	· **To summarize, although** + 에세이 주제 + **is a serious problem, it is clear that much is being done to fix this problem.** · **If** + 해결책의 주체(들) + **work together,** 문제점 + **will soon be a problem of the past.**
복합형	비교 + 주장 · **In summary, these two ideas about** + 에세이 주제 + **are both interesting.** · **However, since** + 내가 더 지지하는 입장의 이유, **it seems more likely that** + 한쪽 입장. 설명 + 주장 · **On the whole, I believe that** + 질문사항 1. · **In addition, it is also important to recognize that** + 질문사항 2.

In conclusion,	결론적으로,	In short,	요약하자면,	In summary,	요약하자면,
In brief,	간단히 말해서,	To summarize,	요약하자면,	To sum up,	요약하자면,
On the whole,	전반적으로,	All in all,	대체로,	To conclude,	결론적으로,

■ 실전 문제풀이 전략

STEP 1 입장 정하기

문제를 신중하게 읽으면서 제시된 핵심 단어들을 파악하는 단계이다. 약 1~2분 정도의 짧은 시간 동안 질문과 관련되어 떠오르는 여러 아이디어들을 토대로 어떤 내용의 글을 작성할 지 생각해 보고, 문제의 요구사항에 맞게 입장을 정한 후, 서론에서 밝힐 논지(Thesis)를 결정해야 한다.

You should spend about 40 minutes on this task. 이 문제에는 약 40분을 소비해야 한다.

Write about the following topic. 다음 주제에 대하여 글을 쓰시오.

> **New technologies present children with new possibilities and potential dangers.**
> **Discuss the advantages and disadvantages of technology on children in today's society.**
>
> 새로운 기술들은 아이들에게 새로운 가능성과 잠재적 위험을 준다.
> 오늘날 사회의 아이들에게 미치는 기술의 장점과 단점을 논하시오.

Give reasons for your answer and include any relevant examples from your own knowledge or experience. 당신의 답안에 대한 이유를 제시하고, 당신의 지식 또는 경험에 근거한 관련 예시를 포함하시오.

Write at least 250 words. 최소 250단어를 쓰시오.

- 논지
  - 새로운 기술이 정보에 접근하는 것을 쉽게 만든 것은 사실이지만, 아이들의 소통 능력에는 부정적으로 영향을 미친다.

입장 정하기 TIP

문제를 읽을 때, 주제를 잘못 이해하거나 문제의 요구사항을 놓치는 실수를 하지 않도록 주제어에 밑줄을 긋거나 동의어를 간단히 메모하며 질문을 이해하는 것도 좋은 습관입니다. 주제에 관한 아이디어들을 빠르게 떠올려보고, 좀더 쓸 말이 많고 쓰기 쉬워 보이는 쪽을 선택해서 입장을 정하는 것이 전략적이지요.

TASK 2 문제에는 정해진 답이 없으므로, 글을 동의하는 쪽으로 쓰든 동의하지 않는 쪽으로 쓰든 좋은 점수를 받을 수 있습니다. 실전에서 빠르게 아이디어 정리를 하기 위해서, 교재에 수록된 다양한 유형과 다양한 주제의 문제들을 풀면서 아이디어를 정리하는 연습을 집중적으로 하기 바랍니다. 그리고 난 후, 모범 답안들에서 소개된 아이디어들을 빼내어 비교해보고, 여러분의 아이디어인 것처럼 능숙하게 떠올릴 수 있게 기억해 두어야 실전에 대비할 수 있습니다.

| STEP 2 | 답안 구조 잡기

주제에 대한 입장을 정했으면, 각 본론에서 전개할 내용의 개요를 간략히 메모해야 한다. 약 2~3분의 시간 동안, 구체적으로 어떠한 이유와 예시를 제시해서 입장을 뒷받침할 것인지를 미리 생각해 놓은 후 답안 작성을 시작해야 논리적인 글을 빠르게 완성할 수 있다.

- 본론 1
  - 입장: 교육 정보의 증대된 가용성(increased availability of educational information)이 생겼음
  - 근거: 과거와 달리, 전자책이 학습을 더 쉽게 만듦(e-books make learning simpler)
  - 예시: 과제물을 온라인으로 받을(receive assignments online) 수 있고, 선생님의 피드백도 디지털 형식으로 전달(delivered in a digital format)될 수 있음

- 본론 2
  - 입장: 아이들의 소통 능력에 부정적으로 영향(negatively affects children's communication skills)을 줌
  - 근거: 말로 하는 의사소통을 덜 하게 만듦(makes verbal communication less common)
  - 예시: 사이버 공간과 소셜 네트워킹 사이트들(cyberspace and social networking sites)을 더 자주 사용함

답안 구조 잡기 TIP

TASK 2 답안에서는 주로 두 개의 본론에 걸쳐서 여러분의 입장을 설명할 계획을 합니다. 세 개의 본론을 구성하는 것도 좋지만, 6.5부터 7.5사이의 안정권의 점수에 도달하기만 하면 되는 상황이라면, 두 개의 본론만을 충실하게 구성하는 것도 좋은 전략입니다. 본론은 점수에 가장 큰 영향을 미치는데, 논의하고 싶은 내용을 구체적으로 메모해 놓아야 주제에서 벗어나지 않는 힘있고 논리적인 글을 작성할 수 있습니다.

글이 논리적이고 설득력 있다는 평가를 받으려면 자신이 주장하는 내용과 연관성 있는 구체적인 근거와 예시를 제시해야 합니다. 예시로는 실제 사실을 사용하는 것이 가장 좋지만, IELTS WRITING에서처럼 짧은 제한 시간 동안 예시를 떠올려야 하는 상황에서는 있을법한 통계자료나 전문가의 의견 또는 여러분의 경험을 제시하며 여러분의 입장을 뒷받침하는 것도 빠른 목표 점수 달성을 위한 전략입니다. 본 교재의 모범답안을 이용해서 주제와 직접적으로 연관된 정확하고 구체적인 예시작성 법을 익히고, 다양한 문제들을 많이 풀어보면서 시험 출제 경향과 난이도에 대비해야만, 긴장되고 시간제한이 있는 실전 상황에서 침착하게 답안의 논리구조를 계획할 수 있습니다.

| STEP 3 | 답안 작성하기 |

정리된 아이디어를 토대로 약 30~35분 정도의 시간 제한을 두고 답안을 작성해야 하는 단계이다.

서론	**Some people believe that** new technologies allow children to learn new information more efficiently. **Others, however, assert that** technologies discourage face-to-face interaction and harm children's development. **When discussing the positive and negative sides of this issue, it is necessary to consider factors such as** information availability **and** children's communication skills.
본론 1	**One positive effect of** technology **is** the increased availability of educational information for children. **In particular,** there are traditional sources like books and digital sources like e-books. Unlike in the past, these various resources make learning simpler by allowing students to access information easily. **For example,** many elementary school students these days can receive all their assignments online, and even the teacher's feedback can be delivered in a digital format. **It is clear that** technology has improved the learning experience of young children, so technology has positive effects on them in this way.
본론 2	**However,** the development of many new technological gadgets **negatively affects** children's communication skills **because** new forms of digital communication have made verbal communication less common. **For example,** children are more and more inclined to interact with each other by using devices such as computers that can access social networking sites like Facebook and Twitter. **As a result,** face-to-face interaction has drastically decreased, leading to a decline in children's communication skills. **This is problematic because** children need to socialize with their peers in order to mature into responsible adults. **Therefore,** the use of communication technology could prevent some children from developing properly.
결론	**To sum up,** new technologies certainly provide advantages such as newer and faster ways of getting information. **However, as the discussion about** technology's positive and negative effects on children **has shown, more research should be done to** reduce the negative influence of technology on children's development.

해석 어떤 사람들은 새로운 기술이 어린이들이 새로운 정보를 더 효율적으로 배울 수 있게 해준다고 믿는다. 그러나 다른 이들은 기술이 대면하는 상호작용을 저해하고 아이들의 발달을 해친다고 주장한다. 이 문제의 긍정적인 측면과 부정적인 측면을 논의할 때, 정보 가용성과 어린이들의 의사소통 능력과 같은 요소들을 고려할 필요가 있다.

기술의 긍정적인 영향 중 하나는 아이들을 위한 교육 정보의 가용성이 증가한다는 것이다. 특히, 책과 같은 전통적인 자료와 전자책과 같은 디지털 자료들이 있다. 과거와 달리 이런 다양한 자료는 학생들이 정보에 쉽게 접근할 수 있도록 함으로써 학습을 (복잡하지 않고) 간단하게 만든다. 예를 들어, 요즘 많은 초등학생들은 온라인으로 모든 과제를 받을 수 있고, 심지어 선생님의 피드백도 디지털 형식으로 전달될 수 있다. 기술이 어린아이들의 학습 경험을 향상시켰다는 것은 분명하기 때문에 기술은 이런 식으로 그들에게 긍정적인 영향을 미친다.

그러나, 새로운 형태의 디지털 통신이 말로 하는 의사소통을 덜 흔하게 만들었기 때문에 많은 새로운 기술 기기들의 개발은 아이들의 의사소통 능력에 부정적인 영향을 미친다. 예를 들어, 아이들은 페이스북이나 트위터 같은 소셜 네트워킹 사이트에 접속할 수 있는 컴퓨터 같은 장치를 사용함으로써 서로 교류하려는 경향이 점점 더 많아지고 있다. 그 결과, 대면하는 교류가 급격히 감소하여 아이들의 의사소통 능력이 저하되고 있다. 이것은 아이들이 책임감 있는 성인으로 성숙하기 위해 또래들과 어울릴 필요가 있기 때문에 문제가 된다. 그러므로, 통신 기술의 사용은 일부 어린이들이 적절하게 발달하는 것을 막을 수 있다.

요약하자면, 새로운 기술은 정보를 얻는 더 새롭고 더 빠른 방법 같은 장점을 확실히 제공한다. 그러나, 기술이 어린이들에게 미치는 긍정적인 영향과 부정적인 영향에 대한 논의가 보여주었듯이, 기술이 어린이들의 발달에 미치는 부정적인 영향을 줄이기 위해 더 많은 연구가 이루어져야 한다.

답안 작성 TIP

TASK 1 보다 배점이 높고 그만큼 난이도가 높은 TASK 2 답안을 작성할 때는, 만점보다는 '안정권의 점수'를 공략해야 합니다. 안정권의 목표 점수를 위해서는, 분량 채우기에만 너무 신경을 쓰거나 정답을 쓰려고 하기보다는 '전략적으로' 답안을 구성해야 합니다.

| STEP 4 | 답안 교정하기

모의고사 형식으로 작성한 답안을 토대로 자신의 문제점을 파악해 보고 개선할 방법을 찾을 수 있게 도와주는 단계이다. 각각의 요구사항들을 충족시켰는지 천천히 체크하고 생각해보면서, 문제점에 대한 구체적인 해결책을 찾아야 한다.

SELF-CHECK LIST

서론
- 문제의 핵심단어를 적절히 포함했는가? ☐ Yes ☐ No
- 본론에서 전개될 글의 방향을 제시했는가? ☐ Yes ☐ No

본론 1
- 도입부에서 명확한 입장과 근거를 밝혔는가? ☐ Yes ☐ No
- 예시가 입장을 힘있게 뒷받침 하는가? ☐ Yes ☐ No
- 주제에서 벗어나지 않게 마무리되었는가? ☐ Yes ☐ No

본론 2
- 도입부에서 명확한 입장과 근거를 밝혔는가? ☐ Yes ☐ No
- 예시가 입장을 힘있게 뒷받침 하는가? ☐ Yes ☐ No
- 주제에서 벗어나지 않게 마무리되었는가? ☐ Yes ☐ No

결론
- 본론 두 개에 걸쳐서 논의된 내용을 요약했는가? ☐ Yes ☐ No

추가 사항
- 적절하고 다양한 전환 어구들을 사용해서 글을 전개했는가? ☐ Yes ☐ No
- 글을 완성한 후, 눈에 띄는 문법 실수를 수정했는가? ☐ Yes ☐ No
- 정해진 글자 수(최소 250단어)를 채웠는가? ☐ Yes ☐ No

답안 교정 TIP

실제 시험에서 문제를 풀이할 때는, 반드시 최소 3~5분 정도를 남겨서 자신의 답안을 빠르게 검토하고 교정하는 시간을 가져야 합니다. 실전 상황에서는 천천히 읽으면서 내용을 체크하지 말고, 여러분이 자주하는 실수(예: 스펠링 오류, 관사의 유무, 동사의 시제, 전치사 활용, 주어와 동사의 수 일치 등) 몇 가지를 파악해 두고, 그것들만 집중적으로 검토해서 수정사항을 반영한 후 제출해야 합니다.

www.goHackers.com

스타 IELTS 실전 WRITING

Actual Test 01

TASK 1

TASK 2

WRITING TASK 1

You should spend about 20 minutes on this task.

The chart below shows the literacy rates of three different continents between 1930 and 2000.

Summarise the information by selecting and reporting the main features, and make comparisons where relevant.

Write at least 150 words.

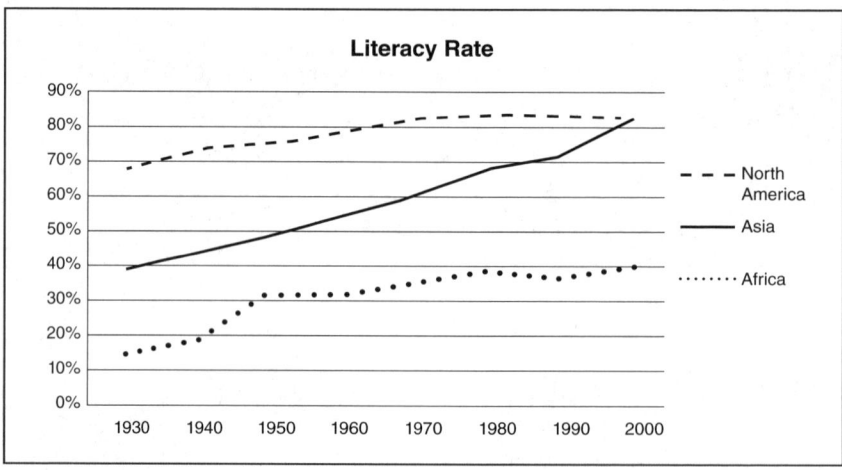

Jen 선생님의 **차트분석**

1. 북아메리카는 모든 대륙 중 가장 높은 비율을 가지고 있다. (the highest literacy rate)
2. 1990년 이후부터 북아메리카의 비율이 약간 하락하는 반면 아시아의 비율은 빨라졌다. (growth in the literacy rate in Asia accelerated)
3. 전 기간 아시아가 가장 빠르고 안정적인 성장 패턴을 겪었다는 것이 보인다. (the fastest and most stable growth pattern)

VOCAB 대륙 continent 증가, 성장 growth 빨라지다 accelerate 안정되다 stabilize 겪다 experience 안정적인 stable
그 동안에 meanwhile

IELTS Writing Answer Sheet — TASK 1

WRITING TASK 2

You should spend about 40 minutes on this task.

Write about the following topic.

> **Some people assert that it is good for college students to have part-time jobs.**
>
> **To what extent do you agree or disagree?**

Give reasons for your answer and include any relevant examples from your own knowledge or experience.

Write at least 250 words.

Jen 선생님의 **답안 구조 잡기**

논지	· 시간제 직업을 가지는 것은 장기적 이점들을 주기 때문에 그것이 좋다는 것에 동의한다.
본론 1	· 입장: 학교 다니며 일을 할 때, 학생들은 유용한 경험을 얻을 수 있다. 　　　(gain useful experience) · 근거: 바쁜 일정을 편성하고 효율적으로 시간을 사용하는 방법을 배운다. 　　　(organize a busy schedule & use time efficiently) · 예시: 학생이 학업과 일을 동시에 하는 상황에 적응해보는 것은 삶에 유익하다. 　　　(adjusting to a life of multitasking)
본론 2	· 입장: 일하는 학생들은 예산을 짜는 방법을 배울 수 있다. 　　　(learn how to budget) · 근거: 학비, 용돈 등을 위해 일할 경우, 책임감 있게 돈을 쓰게 된다. 　　　(use money responsibly) · 예시: 학생일 때 돈의 가치를 배우면, 좋은 소비습관을 계속 유지할 것이다. 　　　(continue good spending habits)

VOCAB 기꺼이 받아들이다 embrace　편성하다, 구성하다 organize　우선순위를 매기다 prioritize　예산을 짜다 budget
재정적으로 financially　힘듦 hardship　삶의 교훈 life lesson

IELTS Writing Answer Sheet — TASK 2

SELF-CHECK LIST | Actual Test 01

이번 테스트는 어땠나요?
다음 체크 리스트로 자신의 테스트 진행 내용을 점검해 볼까요?

TASK 1

- 차트를 소개할 때 문제를 옮겨 쓰지 않고 동의어를 활용했는가? ☐ Yes ☐ No
- 본론에 두 개 이상의 항목/정보들을 비교 또는 대조했는가? ☐ Yes ☐ No
- 제시된 수치/정보들을 적절한 곳에 포함하며 특징을 요약했는가? ☐ Yes ☐ No
- 차트/그림 전반의 경향을 담고 있는 문장을 답안에 제시했는가? ☐ Yes ☐ No
- 적절하고 다양한 전환 어구들을 사용해서 문단을 구성했는가? ☐ Yes ☐ No
- 글을 완성한 후, 눈에 띄는 문법 실수를 수정했는가? ☐ Yes ☐ No
- 정해진 글자 수(최소 150단어)를 채웠는가? ☐ Yes ☐ No

TASK 2

- 서론을 시작하면서 문제의 핵심단어를 포함했는가? ☐ Yes ☐ No
- 서론을 마무리하면서 글의 방향을 제시했는가? ☐ Yes ☐ No
- 본론 1 도입부에서 명확한 입장과 근거를 밝혔는가? ☐ Yes ☐ No
- 본론 1의 예시가 입장을 힘있게 뒷받침 했는가? ☐ Yes ☐ No
- 본론 1이 주제에서 벗어나지 않게 마무리되었는가? ☐ Yes ☐ No
- 본론 2 도입부에서 명확한 입장과 근거를 밝혔는가? ☐ Yes ☐ No
- 본론 2의 예시가 입장을 힘있게 뒷받침 했는가? ☐ Yes ☐ No
- 본론 2가 주제에서 벗어나지 않게 마무리되었는가? ☐ Yes ☐ No
- 결론에 본론 두 개에서 논의된 내용을 요약했는가? ☐ Yes ☐ No
- 적절하고 다양한 전환 어구들을 사용해서 글을 전개했는가? ☐ Yes ☐ No
- 글을 완성한 후, 눈에 띄는 문법 실수를 수정했는가? ☐ Yes ☐ No
- 정해진 글자 수(최소 250단어)를 채웠는가? ☐ Yes ☐ No

www.goHackers.com

스타 IELTS 실전 WRITING

Actual Test 02

TASK 1

TASK 2

WRITING TASK 1

You should spend about 20 minutes on this task.

The graph below shows the consumption of meat in Spain between 2001 and 2011.

Summarise the information by selecting and reporting the main features, and make comparisons where relevant.

Write at least 150 words.

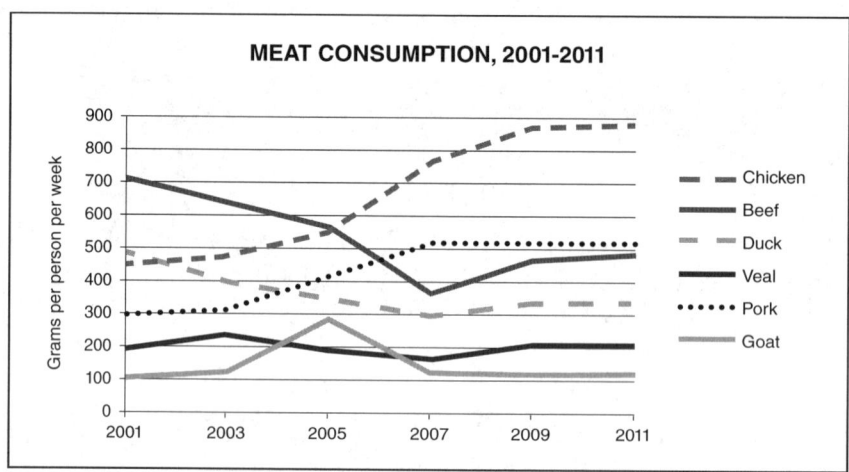

Jen 선생님의 **차트분석**

1. 기간의 초기에는, 소고기가 가장 인기 있는 육류였다. (the most popular meat)
2. 염소고기와 송아지 고기의 소비량은 전 기간 비교적 안정적인 경향을 보여주었다. (relatively stable trends)
3. 닭고기와 돼지고기가 전 기간에 걸쳐 소비에 있어 가장 주목할 만한 증가를 했다. (the most notable increases in consumption)

VOCAB 소비량 consumption 초기의 initial 경향 trend 계속되다 continue 비교적 relatively 일시적으로 briefly
주목할 만한 notably

IELTS Writing Answer Sheet — TASK 1

WRITING TASK 2

You should spend about 40 minutes on this task.

Write about the following topic.

> **Art should be a compulsory class for high school students.**
>
> **To what extent do you agree or disagree?**

Give reasons for your answer and include any relevant examples from your own knowledge or experience.

Write at least 250 words.

Jen 선생님의 **답안 구조 잡기**

- 논지
  - 미술 수업은 다른 학과목들이 발달시키지 않는 능력들을 발달시키기 때문에 미술 수업 의무화에 동의한다.

- 본론 1
  - 입장: 미술 수업은 학생들이 감정을 표현하게 해준다.
    (allow students to express emotions)
  - 근거: 미술은 갖가지 상념들을 표현하는 방법이다.
    (way to express complex ideas)
  - 예시: 학문적 학과목 수업에서는 감정을 표현할 기회가 없다.
    (academic classes = no opportunity to express emotions)

- 본론 2
  - 입장: 미술 수업은 학생들이 몰랐던 재능을 발견할 기회를 제공한다.
    (chance to discover unknown talents)
  - 근거: 수학과 과학 수업에 너무 많은 시간을 쓴다.
    (spend most of their time at school learning math and science)
  - 예시: 미술을 의무로 하면 (수학과 과학에만 치우치지 않는) 포괄적 교육이 가능하다.
    (well-rounded education)

VOCAB 인식하다 acknowledge 대안 alternative 교육과정 curriculum 필요조건 requirement 의무적인 mandatory
발견하다 discover 포괄적인 well-rounded

IELTS Writing Answer Sheet — TASK 2

SELF-CHECK LIST | Actual Test 02

이번 테스트는 어땠나요?
다음 체크 리스트로 자신의 테스트 진행 내용을 점검해 볼까요?

TASK 1

· 차트를 소개할 때 문제를 옮겨 쓰지 않고 동의어를 활용했는가?	☐ Yes	☐ No
· 본론에 두 개 이상의 항목/정보들을 비교 또는 대조했는가?	☐ Yes	☐ No
· 제시된 수치/정보들을 적절한 곳에 포함하며 특징을 요약했는가?	☐ Yes	☐ No
· 차트/그림 전반의 경향을 담고 있는 문장을 답안에 제시했는가?	☐ Yes	☐ No
· 적절하고 다양한 전환 어구들을 사용해서 문단을 구성했는가?	☐ Yes	☐ No
· 글을 완성한 후, 눈에 띄는 문법 실수를 수정했는가?	☐ Yes	☐ No
· 정해진 글자 수(최소 150단어)를 채웠는가?	☐ Yes	☐ No

TASK 2

· 서론을 시작하면서 문제의 핵심단어를 포함했는가?	☐ Yes	☐ No
· 서론을 마무리하면서 글의 방향을 제시했는가?	☐ Yes	☐ No
· 본론 1 도입부에서 명확한 입장과 근거를 밝혔는가?	☐ Yes	☐ No
· 본론 1의 예시가 입장을 힘있게 뒷받침 했는가?	☐ Yes	☐ No
· 본론 1이 주제에서 벗어나지 않게 마무리되었는가?	☐ Yes	☐ No
· 본론 2 도입부에서 명확한 입장과 근거를 밝혔는가?	☐ Yes	☐ No
· 본론 2의 예시가 입장을 힘있게 뒷받침 했는가?	☐ Yes	☐ No
· 본론 2가 주제에서 벗어나지 않게 마무리되었는가?	☐ Yes	☐ No
· 결론에 본론 두 개에서 논의된 내용을 요약했는가?	☐ Yes	☐ No
· 적절하고 다양한 전환 어구들을 사용해서 글을 전개했는가?	☐ Yes	☐ No
· 글을 완성한 후, 눈에 띄는 문법 실수를 수정했는가?	☐ Yes	☐ No
· 정해진 글자 수(최소 250단어)를 채웠는가?	☐ Yes	☐ No

www.goHackers.com

스타 IELTS 실전 WRITING

Actual Test 03

TASK 1

TASK 2

WRITING TASK 1

You should spend about 20 minutes on this task.

The charts below show the mortality rate by age and gender in Africa in 1950, 1980, and 2010.

Summarise the information by selecting and reporting the main features, and make comparisons where relevant.

Write at least 150 words.

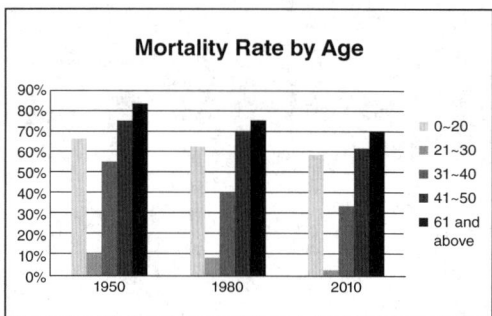

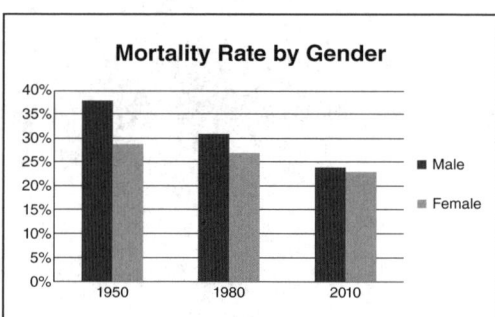

Jen 선생님의 **차트분석**

1. 사망률은 가장 나이가 많은 사회구성원들 사이에서 가장 높았다. (the oldest members of society)
2. 20대 젊은이들의 사망할 확률은 가장 적었다. (young adults in their 20s)
3. 남성들은 더 높은 사망률을 가졌다. (had a higher mortality rate)

VOCAB 확률 likelihood   ~와 관계없이 regardless of   현저한 striking   청소년 adolescent   사망하다 pass away
마찬가지로 likewise   상당히 considerably

IELTS Writing Answer Sheet — TASK 1

WRITING TASK 2

You should spend about 40 minutes on this task.

Write about the following topic.

> **Some educational experts say that children have to do homework. However, others say that homework does more harm than good.**
>
> **Discuss both views and give your opinion.**

Give reasons for your answer and include any relevant examples from your own knowledge or experience.

Write at least 250 words.

Jen 선생님의 **답안 구조 잡기**

논지	• 과제가 학습 과정에 더 해롭다는 주장과 숙제가 없이는 책임지는 것을 배우지 못할 것이라는 주장이 있다.
본론 1	• 입장: 표준화된 숙제는 학업 성취를 제한할 수 있다. 　　(limit academic performance) • 근거: 각 학생은 서로 다른 방식으로 정보를 배운다. 　　(a different way of learning new information) • 예시: 초등학생들에게 덧셈과 뺄셈 가르칠 때, 과제 대신 그룹 활동을 이용한다. 　　(mathematical principles like addition and subtraction)
본론 2	• 입장: 숙제는 단순히 자료를 배우도록 돕는 것 이상의 역할을 한다. 　　(does more than just help children learn material) • 근거: 시간을 관리하고 책임을 지는 것을 배운다. 　　(manage time and be responsible) • 예시: 숙제 없이 마감일에 대비하는 것을 배우기는 어렵다. 　　(be prepared for deadlines)

VOCAB 학업 성취 academic performance　수학 원리 mathematical principle　마감일 deadline
책임 있는 responsible　그룹 학습 group learning　그룹 주도 활동 group-led activity

IELTS Writing Answer Sheet — TASK 2

SELF-CHECK LIST | Actual Test 03

이번 테스트는 어땠나요?
다음 체크 리스트로 자신의 테스트 진행 내용을 점검해 볼까요?

TASK 1

· 차트를 소개할 때 문제를 옮겨 쓰지 않고 동의어를 활용했는가?	☐ Yes	☐ No
· 본론에 두 개 이상의 항목/정보들을 비교 또는 대조했는가?	☐ Yes	☐ No
· 제시된 수치/정보들을 적절한 곳에 포함하며 특징을 요약했는가?	☐ Yes	☐ No
· 차트/그림 전반의 경향을 담고 있는 문장을 답안에 제시했는가?	☐ Yes	☐ No
· 적절하고 다양한 전환 어구들을 사용해서 문단을 구성했는가?	☐ Yes	☐ No
· 글을 완성한 후, 눈에 띄는 문법 실수를 수정했는가?	☐ Yes	☐ No
· 정해진 글자 수(최소 150단어)를 채웠는가?	☐ Yes	☐ No

TASK 2

· 서론을 시작하면서 문제의 핵심단어를 포함했는가?	☐ Yes	☐ No
· 서론을 마무리하면서 글의 방향을 제시했는가?	☐ Yes	☐ No
· 본론 1 도입부에서 명확한 입장과 근거를 밝혔는가?	☐ Yes	☐ No
· 본론 1의 예시가 입장을 힘있게 뒷받침 했는가?	☐ Yes	☐ No
· 본론 1이 주제에서 벗어나지 않게 마무리되었는가?	☐ Yes	☐ No
· 본론 2 도입부에서 명확한 입장과 근거를 밝혔는가?	☐ Yes	☐ No
· 본론 2의 예시가 입장을 힘있게 뒷받침 했는가?	☐ Yes	☐ No
· 본론 2가 주제에서 벗어나지 않게 마무리되었는가?	☐ Yes	☐ No
· 결론에 본론 두 개에서 논의된 내용을 요약했는가?	☐ Yes	☐ No
· 적절하고 다양한 전환 어구들을 사용해서 글을 전개했는가?	☐ Yes	☐ No
· 글을 완성한 후, 눈에 띄는 문법 실수를 수정했는가?	☐ Yes	☐ No
· 정해진 글자 수(최소 250단어)를 채웠는가?	☐ Yes	☐ No

www.goHackers.com

스타 IELTS 실전 WRITING

Actual Test 04

TASK 1

TASK 2

WRITING TASK 1

You should spend about 20 minutes on this task.

The chart below shows the total number of hours per month from 1980 to 2015 that people in the USA used modern technology divided into four categories.

Summarise the information by selecting and reporting the main features, and make comparisons where relevant.

Write at least 150 words.

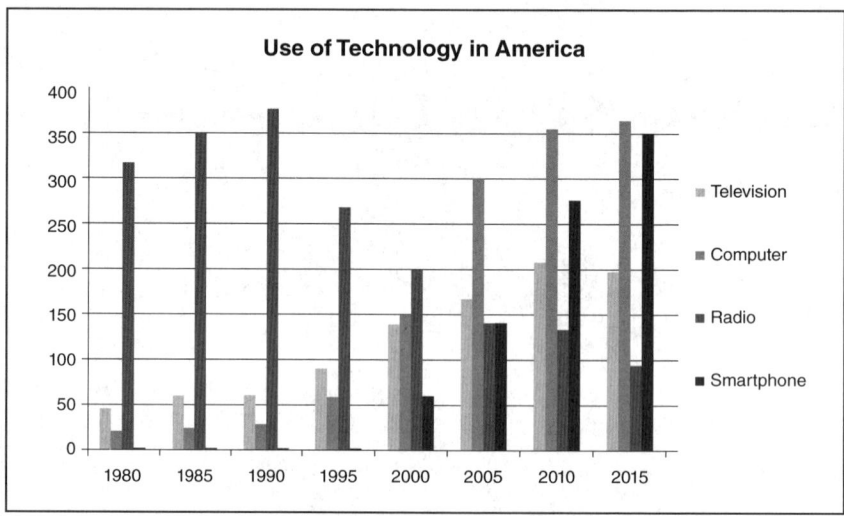

Jen 선생님의 **차트분석**

1. 라디오 사용이 다른 세 가지 기기들의 우위를 차지했다. (dominated the other three devices)
2. 다음으로 가장 많이 사용된 기기는 텔레비전이었다. (the next most used device)
3. 컴퓨터와 스마트폰의 사용은 기간의 하반기를 통틀어 급진적으로 증가했다. (throughout the second half of the period)

VOCAB 전자기기 technological device 우위를 차지하다 dominate 흔히 commonly 급상승하다 skyrocket
주목할 만한 noteworthy 갑작스러운 abrupt 급진적으로 radically

IELTS Writing Answer Sheet — TASK 1

WRITING TASK 2

You should spend about 40 minutes on this task.

Write about the following topic.

> **Several people assert that the main cause of crime is an economically disadvantaged background. However, others say that crime is caused by a person's nature.**
>
> **Discuss both ideas and give your own opinion.**

Give reasons for your answer and include any relevant examples from your own knowledge or experience.

Write at least 250 words.

Jen 선생님의 **답안 구조 잡기**

논지	· 범죄의 원인이 빈곤이라는 주장과 사람의 본성에 의해 범죄가 발생한다는 주장이 있다.
본론1	· 입장: 경제적 빈곤함과 범죄는 연관이 있다는 입장이 있다. 　　(economic poverty & crime) · 근거: 연명하기 위해 범죄를 저지를 수 있다. 　　(commit crimes to survive) · 예시: 가난한 피수용자들은 더 높은 절도와 약탈률을 보인다. 　　(higher rates of theft and robbery)
본론2	· 입장: 범죄의 원인은 사람의 본성이라는 입장도 있다. 　　(person's nature & crime) · 근거: 범죄자의 사고방식이 행동을 결정할 수도 있다. 　　(criminal's way of thinking) · 예시: 특정 사고방식을 가진 범죄자들은 선천적으로 범죄를 저지르게 될 수 있다. 　　(be compelled to commit crime)

VOCAB 가난, 빈곤 poverty 확률 probability 수감자, 피수용자(죄수, 입원 환자 등) inmate 절도 theft 강도, 약탈 robbery 사고방식 mindset ~하지 않을 수 없게 되다 be compelled to

IELTS Writing Answer Sheet — TASK 2

SELF-CHECK LIST | Actual Test 04

이번 테스트는 어땠나요?
다음 체크 리스트로 자신의 테스트 진행 내용을 점검해 볼까요?

TASK 1

· 차트를 소개할 때 문제를 옮겨 쓰지 않고 동의어를 활용했는가?	☐ Yes	☐ No
· 본론에 두 개 이상의 항목/정보들을 비교 또는 대조했는가?	☐ Yes	☐ No
· 제시된 수치/정보들을 적절한 곳에 포함하며 특징을 요약했는가?	☐ Yes	☐ No
· 차트/그림 전반의 경향을 담고 있는 문장을 답안에 제시했는가?	☐ Yes	☐ No
· 적절하고 다양한 전환 어구들을 사용해서 문단을 구성했는가?	☐ Yes	☐ No
· 글을 완성한 후, 눈에 띄는 문법 실수를 수정했는가?	☐ Yes	☐ No
· 정해진 글자 수(최소 150단어)를 채웠는가?	☐ Yes	☐ No

TASK 2

· 서론을 시작하면서 문제의 핵심단어를 포함했는가?	☐ Yes	☐ No
· 서론을 마무리하면서 글의 방향을 제시했는가?	☐ Yes	☐ No
· 본론 1 도입부에서 명확한 입장과 근거를 밝혔는가?	☐ Yes	☐ No
· 본론 1의 예시가 입장을 힘있게 뒷받침 했는가?	☐ Yes	☐ No
· 본론 1이 주제에서 벗어나지 않게 마무리되었는가?	☐ Yes	☐ No
· 본론 2 도입부에서 명확한 입장과 근거를 밝혔는가?	☐ Yes	☐ No
· 본론 2의 예시가 입장을 힘있게 뒷받침 했는가?	☐ Yes	☐ No
· 본론 2가 주제에서 벗어나지 않게 마무리되었는가?	☐ Yes	☐ No
· 결론에 본론 두 개에서 논의된 내용을 요약했는가?	☐ Yes	☐ No
· 적절하고 다양한 전환 어구들을 사용해서 글을 전개했는가?	☐ Yes	☐ No
· 글을 완성한 후, 눈에 띄는 문법 실수를 수정했는가?	☐ Yes	☐ No
· 정해진 글자 수(최소 250단어)를 채웠는가?	☐ Yes	☐ No

www.goHackers.com

스타 IELTS 실전 WRITING

Actual Test 05

TASK 1

TASK 2

WRITING TASK 1

You should spend about 20 minutes on this task.

The table below shows the number of museum patrons by age between 1997 and 2003.

Summarise the information by selecting and reporting the main features, and make comparisons where relevant.

Write at least 150 words.

Number of Visitors by Age

	1997	1998	1999	2000	2001	2002	2003
0 - 15	13,430	14,370	15,120	14,980	14,760	15,320	16,410
16 - 30	21,320	17,490	18,390	19,210	20,420	21,480	22,140
31 - 45	5,900	6,430	5,790	6,270	6,120	6,320	5,990
46 - 60	870	340	670	730	530	820	940
60 ↑	80	90	70	50	70	50	30
TOTAL	41,600	38,720	40,040	41,240	41,900	43,990	45,510

Jen 선생님의 **차트분석**

1. 30세 이하의 사람들이 전체 박물관 방문객의 4분의 3을 차지했다. (three quarters of all museum visitors)
2. 박물관 입장이 (이용객들의) 연령이 증가하면서 감소했다. (as age increased)
3. 60세 이상의 사람들을 제외하고는 모든 연령 그룹의 방문객 수가 대체로 증가했다. (attendance among all age groups)

VOCAB 차지하다 account for   4분의 3 three-quarters   입장, 출석 attendance   지속적으로 consistently
수시로 변하다 fluctuate   초과하다, 넘다 exceed   ~를 제외하고 except for

IELTS Writing Answer Sheet — TASK 1

WRITING TASK 2

You should spend about 40 minutes on this task.

Write about the following topic.

> Some people believe that the costs of space exploration are worth it, but others believe that space exploration is a waste of money.
>
> Discuss the advantages and disadvantages of space research.

Give reasons for your answer and include any relevant examples from your own knowledge or experience.

Write at least 250 words.

Jen 선생님의 **답안 구조 잡기**

논지	· 우주 탐사의 사회적 유익과 막대한 재정적 비용 둘 다를 논의하는 것은 중요하다.
본론 1	· 입장: 우주 탐사는 사회에 긍정적인 영향을 미친다. 　　　(positive effects on society) · 근거: 많은 기술적 발견을 이루어 낸다. 　　　(lead to many technological discoveries) · 예시: ① 소방관들의 호흡 보호 장비 기술 ② 식품 안전성 　　　(① breathing system for firefighters ② food safety)
본론 2	· 입장: 우주 탐사는 돈이 많이 든다. 　　　(extremely expensive) · 근거: 몇몇 정부는 빚을 지게 되었다. 　　　(some governments have gone into debt) · 예시: 우주 탐사 대신 사회 복지 프로그램에 돈을 써야 한다. 　　　(social welfare programs instead of space exploration)

VOCAB 탐사 exploration   발견, 발견물 discovery   미국 항공 우주국 NASA   (상황에) 맞추다 adapt   우주비행사 astronaut   빚을 지다 go into debt   진보 advance

IELTS Writing Answer Sheet — TASK 2

SELF-CHECK LIST | Actual Test 05

이번 테스트는 어땠나요?
다음 체크 리스트로 자신의 테스트 진행 내용을 점검해 볼까요?

TASK 1

· 차트를 소개할 때 문제를 옮겨 쓰지 않고 동의어를 활용했는가?	☐ Yes	☐ No
· 본론에 두 개 이상의 항목/정보들을 비교 또는 대조했는가?	☐ Yes	☐ No
· 제시된 수치/정보들을 적절한 곳에 포함하며 특징을 요약했는가?	☐ Yes	☐ No
· 차트/그림 전반의 경향을 담고 있는 문장을 답안에 제시했는가?	☐ Yes	☐ No
· 적절하고 다양한 전환 어구들을 사용해서 문단을 구성했는가?	☐ Yes	☐ No
· 글을 완성한 후, 눈에 띄는 문법 실수를 수정했는가?	☐ Yes	☐ No
· 정해진 글자 수(최소 150단어)를 채웠는가?	☐ Yes	☐ No

TASK 2

· 서론을 시작하면서 문제의 핵심단어를 포함했는가?	☐ Yes	☐ No
· 서론을 마무리하면서 글의 방향을 제시했는가?	☐ Yes	☐ No
· 본론 1 도입부에서 명확한 입장과 근거를 밝혔는가?	☐ Yes	☐ No
· 본론 1의 예시가 입장을 힘있게 뒷받침 했는가?	☐ Yes	☐ No
· 본론 1이 주제에서 벗어나지 않게 마무리되었는가?	☐ Yes	☐ No
· 본론 2 도입부에서 명확한 입장과 근거를 밝혔는가?	☐ Yes	☐ No
· 본론 2의 예시가 입장을 힘있게 뒷받침 했는가?	☐ Yes	☐ No
· 본론 2가 주제에서 벗어나지 않게 마무리되었는가?	☐ Yes	☐ No
· 결론에 본론 두 개에서 논의된 내용을 요약했는가?	☐ Yes	☐ No
· 적절하고 다양한 전환 어구들을 사용해서 글을 전개했는가?	☐ Yes	☐ No
· 글을 완성한 후, 눈에 띄는 문법 실수를 수정했는가?	☐ Yes	☐ No
· 정해진 글자 수(최소 250단어)를 채웠는가?	☐ Yes	☐ No

www.goHackers.com

스타 IELTS 실전 WRITING

Actual Test 06

TASK 1

TASK 2

WRITING TASK 1

You should spend about 20 minutes on this task.

The table below shows the results of a survey on workplace complaints in Germany in 2001.

Summarise the information by selecting and reporting the main features, and make comparisons where relevant.

Write at least 150 words.

Survey Results (%)

Category	Man	Woman	Total
Lack of technical support	3	16	9.5
Relationship with the line manager	22	7	14.5
Temperature (Too hot / cold)	7	5	6.0
Excessive noise	20	26	23.0
Lack of privacy	9	21	15.0
Sexual harassment	1	10	5.5
Annoying co-workers	34	9	21.5
Other causes	4	6	5.0

Jen 선생님의 **차트분석**

1. 여성들은 기술 지원의 부족, 사생활 부족, 그리고 성희롱을 남성들보다 더 자주 말했다. (more often than men)
2. 남성과 여성들은 둘 다 과도한 소음에 대해 불평했다. (complained about excessive noise)
3. 남성들은 사회적 관계를 요구하는 문제들로 가장 힘들어했고, 여성들은 그들이 어떻게 대우 되는지에 관한 문제들로 힘들어했다.
   (problems that require social interaction)

VOCAB 불만 사항 complaint   사생활 privacy   성희롱 sexual harassment   곤혹스러운, 짜증스러운 annoying
과도한 excessive   ~에 대해 불평하다 complain about   ~로 힘들어하다 struggle with

IELTS Writing Answer Sheet — TASK 1

WRITING TASK 2

You should spend about 40 minutes on this task.

Write about the following topic.

> **Some believe that installing CCTVs in high crime areas will help to reduce crime.**
>
> **What are the advantages and disadvantages of this?**

Give reasons for your answer and include any relevant examples from your own knowledge or experience.

Write at least 250 words.

Jen 선생님의 **답안 구조 잡기**

논지	· CCTV 사용에 관한 엇갈린 결과들(장단점)을 논의하는 것은 중요하다.
본론1	· 입장: 사회에 긍정적 영향을 미친다. 　　　(positive effects on society) · 근거: 범죄 예방 & 법정에서의 영상 증거 　　　(crime prevention & video evidence in court) · 예시: 범죄 위험 지역을 감시하고 자동차 사고 수사에 사용된다. 　　　(monitor high crime areas & car accidents)
본론2	· 입장: 단점이 더 많다는 사람들도 있다. 　　　(disadvantages outweigh the benefits) · 근거: 시민들을 감시하기 위해 오용된다. 　　　(spy on citizens) · 예시: 사생활에 부정적 영향을 미친다. 　　　(negative effects on people's privacy)

VOCAB 수사하다 investigate　확인하다, 찾다 identify　~을 몰래 감시하다 spy on　영상 장면 video footage　사생활 privacy
문제점, 결점 drawback　악용하다, 오용하다 misuse

IELTS Writing Answer Sheet — TASK 2

SELF-CHECK LIST | Actual Test 06

이번 테스트는 어땠나요?
다음 체크 리스트로 자신의 테스트 진행 내용을 점검해 볼까요?

TASK 1

· 차트를 소개할 때 문제를 옮겨 쓰지 않고 동의어를 활용했는가?	☐ Yes	☐ No
· 본론에 두 개 이상의 항목/정보들을 비교 또는 대조했는가?	☐ Yes	☐ No
· 제시된 수치/정보들을 적절한 곳에 포함하며 특징을 요약했는가?	☐ Yes	☐ No
· 차트/그림 전반의 경향을 담고 있는 문장을 답안에 제시했는가?	☐ Yes	☐ No
· 적절하고 다양한 전환 어구들을 사용해서 문단을 구성했는가?	☐ Yes	☐ No
· 글을 완성한 후, 눈에 띄는 문법 실수를 수정했는가?	☐ Yes	☐ No
· 정해진 글자 수(최소 150단어)를 채웠는가?	☐ Yes	☐ No

TASK 2

· 서론을 시작하면서 문제의 핵심단어를 포함했는가?	☐ Yes	☐ No
· 서론을 마무리하면서 글의 방향을 제시했는가?	☐ Yes	☐ No
· 본론 1 도입부에서 명확한 입장과 근거를 밝혔는가?	☐ Yes	☐ No
· 본론 1의 예시가 입장을 힘있게 뒷받침 했는가?	☐ Yes	☐ No
· 본론 1이 주제에서 벗어나지 않게 마무리되었는가?	☐ Yes	☐ No
· 본론 2 도입부에서 명확한 입장과 근거를 밝혔는가?	☐ Yes	☐ No
· 본론 2의 예시가 입장을 힘있게 뒷받침 했는가?	☐ Yes	☐ No
· 본론 2가 주제에서 벗어나지 않게 마무리되었는가?	☐ Yes	☐ No
· 결론에 본론 두 개에서 논의된 내용을 요약했는가?	☐ Yes	☐ No
· 적절하고 다양한 전환 어구들을 사용해서 글을 전개했는가?	☐ Yes	☐ No
· 글을 완성한 후, 눈에 띄는 문법 실수를 수정했는가?	☐ Yes	☐ No
· 정해진 글자 수(최소 250단어)를 채웠는가?	☐ Yes	☐ No

www.goHackers.com

스타 IELTS 실전 WRITING

Actual Test 07

TASK 1

TASK 2

WRITING TASK 1

You should spend about 20 minutes on this task.

> The charts below show what students in high school want to become when they grow up.
>
> Summarise the information by selecting and reporting the main features, and make comparisons where relevant.

Write at least 150 words.

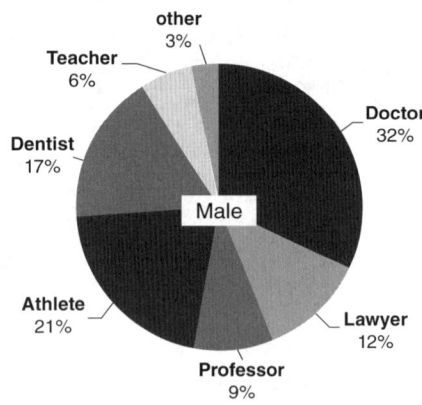
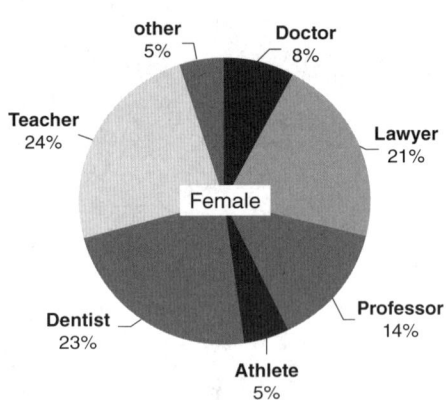

Jen 선생님의 차트분석

1. 더 높은 비율의 남학생들이 의사와 운동선수가 되기를 갈망했다. (a higher percentage of male students)
2. 여학생들 사이에서, 상위 두 개의 응답들은 각각 선생님과 치과 의사였다. (the top two answers among female students)
3. 응답들이 여자들보다 남자들 사이에서 약간 더 몰려 있는 것을 볼 수 있다. (were slightly more concentrated)

VOCAB 장래 직업 dream job 성별 gender ~하기를 갈망하다 aspire to 대부분, 다수 majority ~에 관계없이 regardless of 약간 slightly 집중하다 concentrate

IELTS Writing Answer Sheet — TASK 1

WRITING TASK 2

You should spend about 40 minutes on this task.

Write about the following topic.

> **The environment is changing rapidly because humans are destroying nature to meet their needs.**
>
> **Discuss this cause of environmental change and suggest some solutions for this problem.**

Give reasons for your answer and include any relevant examples from your own knowledge or experience.

Write at least 250 words.

Jen 선생님의 **답안 구조 잡기**

논지	• 자원의 필요가 환경문제를 유발했고, 정부와 개인들이 환경 보호를 위해 노력해야 한다.
본론1	• 입장: 원인 = 지구의 자원을 다 써버리고 있는 사람들 　　　　(humans using up the earth's resources) • 근거: 사람들이 너무 많은 나무를 베어내고 있다. 　　　　(cutting down too many trees) • 예시: 서식지 파괴로 인한 동물 멸종 　　　　(habitat destruction → extinct animals)
본론2	• 입장: 해결책 = ① 자원 절약 ② 많은 (환경 보호) 기관들 ③ 정부로 하여금 법을 만들도록 요청 　　　　(① using fewer resources ② many organizations ③ asking the government to make laws) • 예시: ① 종이 절약 ② 세계 자연 보호 기구 ③ 서식지 보호하기 　　　　(① paper ② the World Nature Organization ③ preserving animals' habitats)

VOCAB 서식지 habitat 되돌리다 reverse 열대 우림 rainforest 멸종된 extinct 보존하다 preserve 과도하게 excessively 최소화하다 minimize

IELTS Writing Answer Sheet — TASK 2

SELF-CHECK LIST | Actual Test 07

이번 테스트는 어땠나요?
다음 체크 리스트로 자신의 테스트 진행 내용을 점검해 볼까요?

TASK 1

	Yes	No
· 차트를 소개할 때 문제를 옮겨 쓰지 않고 동의어를 활용했는가?	☐ Yes	☐ No
· 본론에 두 개 이상의 항목/정보들을 비교 또는 대조했는가?	☐ Yes	☐ No
· 제시된 수치/정보들을 적절한 곳에 포함하며 특징을 요약했는가?	☐ Yes	☐ No
· 차트/그림 전반의 경향을 담고 있는 문장을 답안에 제시했는가?	☐ Yes	☐ No
· 적절하고 다양한 전환 어구들을 사용해서 문단을 구성했는가?	☐ Yes	☐ No
· 글을 완성한 후, 눈에 띄는 문법 실수를 수정했는가?	☐ Yes	☐ No
· 정해진 글자 수(최소 150단어)를 채웠는가?	☐ Yes	☐ No

TASK 2

	Yes	No
· 서론을 시작하면서 문제의 핵심단어를 포함했는가?	☐ Yes	☐ No
· 서론을 마무리하면서 글의 방향을 제시했는가?	☐ Yes	☐ No
· 본론 1 도입부에서 명확한 입장과 근거를 밝혔는가?	☐ Yes	☐ No
· 본론 1의 예시가 입장을 힘있게 뒷받침 했는가?	☐ Yes	☐ No
· 본론 1이 주제에서 벗어나지 않게 마무리되었는가?	☐ Yes	☐ No
· 본론 2 도입부에서 명확한 입장과 근거를 밝혔는가?	☐ Yes	☐ No
· 본론 2의 예시가 입장을 힘있게 뒷받침 했는가?	☐ Yes	☐ No
· 본론 2가 주제에서 벗어나지 않게 마무리되었는가?	☐ Yes	☐ No
· 결론에 본론 두 개에서 논의된 내용을 요약했는가?	☐ Yes	☐ No
· 적절하고 다양한 전환 어구들을 사용해서 글을 전개했는가?	☐ Yes	☐ No
· 글을 완성한 후, 눈에 띄는 문법 실수를 수정했는가?	☐ Yes	☐ No
· 정해진 글자 수(최소 250단어)를 채웠는가?	☐ Yes	☐ No

www.goHackers.com

스타 IELTS 실전 WRITING

Actual Test 08

TASK 1

TASK 2

WRITING TASK 1

You should spend about 20 minutes on this task.

> The pie charts below give information about the population of South Korea in 2000 and 2050.
>
> Summarise the information by selecting and reporting the main features, and make comparisons where relevant.

Write at least 150 words.

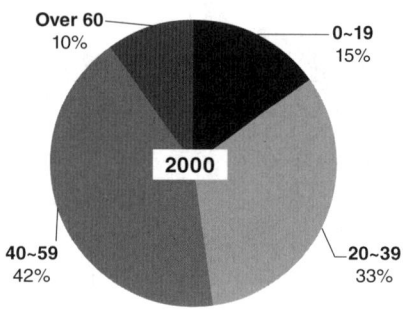

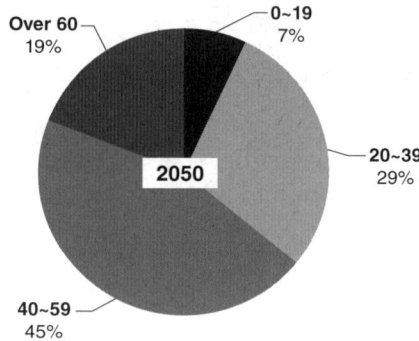

Jen 선생님의 **차트분석**

1. 인구의 가장 큰 부분이 40세와 59세 사이의 성인들이었다. (the largest portion of the population)
2. 60세 이상의 사람들은 인구의 오직 10%만 차지했었다. (people over 60 years old)
3. 2050년에는, 20세 미만의 사람들의 인구 비율이 반으로 떨어질 것으로 예상된다(7%). (fall by half)

VOCAB 예상, 추정 projection 부분 portion ~을 차지하다 account for 합치다 combine 반으로 by half 두 배로 되다 double 중년의 middle-aged

IELTS Writing Answer Sheet — TASK 1

WRITING TASK 2

You should spend about 40 minutes on this task.

Write about the following topic.

> **Poverty is a problem that affects the majority of children these days.**
>
> **Discuss the effects of poverty on society and suggest some solutions to this problem.**

Give reasons for your answer and include any relevant examples from your own knowledge or experience.

Write at least 250 words.

Jen 선생님의 **답안 구조 잡기**

논지	· 가난은 생명을 위협할 수도 있는 문제를 유발하므로 선진국의 정부가 아이들을 도와야 한다.
본론 1	· 입장: 가난은 아이들의 생명을 위협하는 문제를 일으킨다. 　　　(life-threatening problems) · 근거: 아이들이 굶거나 영양실조 상태이다. 　　　(children starve or are malnourished) · 예시: 가난한 사람들은 고립된 삶을 살게 된다. 　　　(isolated from the modern world)
본론 2	· 입장: 전 세계 선진국들이 협력해야 한다. 　　　(many developed countries around the world) · 근거: 식량 같은 필수원조를 보내야 한다. 　　　(essential aid such as food) · 예시: 주기적인 밀 지원 & 농기구 제공 　　　(periodic shipments of wheat & tractors)

VOCAB 생명을 위협하는 life-threatening　개발도상국 developing country　굶주리다 starve　고립시키다 isolate
　　　　　선적 shipment　영양 실조 malnutrition　식량 생산 food production

IELTS Writing Answer Sheet — TASK 2

SELF-CHECK LIST | Actual Test 08

이번 테스트는 어땠나요?
다음 체크 리스트로 자신의 테스트 진행 내용을 점검해 볼까요?

TASK 1

• 차트를 소개할 때 문제를 옮겨 쓰지 않고 동의어를 활용했는가?	☐ Yes	☐ No
• 본론에 두 개 이상의 항목/정보들을 비교 또는 대조했는가?	☐ Yes	☐ No
• 제시된 수치/정보들을 적절한 곳에 포함하며 특징을 요약했는가?	☐ Yes	☐ No
• 차트/그림 전반의 경향을 담고 있는 문장을 답안에 제시했는가?	☐ Yes	☐ No
• 적절하고 다양한 전환 어구들을 사용해서 문단을 구성했는가?	☐ Yes	☐ No
• 글을 완성한 후, 눈에 띄는 문법 실수를 수정했는가?	☐ Yes	☐ No
• 정해진 글자 수(최소 150단어)를 채웠는가?	☐ Yes	☐ No

TASK 2

• 서론을 시작하면서 문제의 핵심단어를 포함했는가?	☐ Yes	☐ No
• 서론을 마무리하면서 글의 방향을 제시했는가?	☐ Yes	☐ No
• 본론 1 도입부에서 명확한 입장과 근거를 밝혔는가?	☐ Yes	☐ No
• 본론 1의 예시가 입장을 힘있게 뒷받침 했는가?	☐ Yes	☐ No
• 본론 1이 주제에서 벗어나지 않게 마무리되었는가?	☐ Yes	☐ No
• 본론 2 도입부에서 명확한 입장과 근거를 밝혔는가?	☐ Yes	☐ No
• 본론 2의 예시가 입장을 힘있게 뒷받침 했는가?	☐ Yes	☐ No
• 본론 2가 주제에서 벗어나지 않게 마무리되었는가?	☐ Yes	☐ No
• 결론에 본론 두 개에서 논의된 내용을 요약했는가?	☐ Yes	☐ No
• 적절하고 다양한 전환 어구들을 사용해서 글을 전개했는가?	☐ Yes	☐ No
• 글을 완성한 후, 눈에 띄는 문법 실수를 수정했는가?	☐ Yes	☐ No
• 정해진 글자 수(최소 250단어)를 채웠는가?	☐ Yes	☐ No

www.goHackers.com

스타 IELTS 실전 WRITING

Actual Test 09

TASK 1

TASK 2

WRITING TASK 1

You should spend about 20 minutes on this task.

The diagrams below show two hostel rooms that can be occupied by several people.

Summarise the information by selecting and reporting the main features, and make comparisons where relevant.

Write at least 150 words.

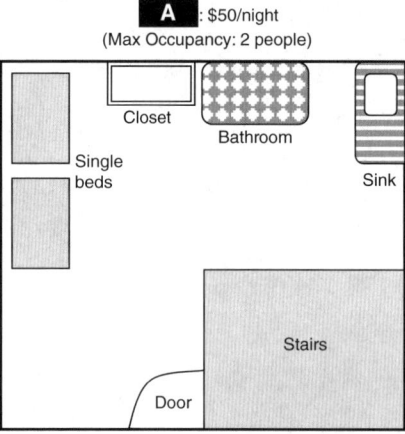

A: $50/night
(Max Occupancy: 2 people)

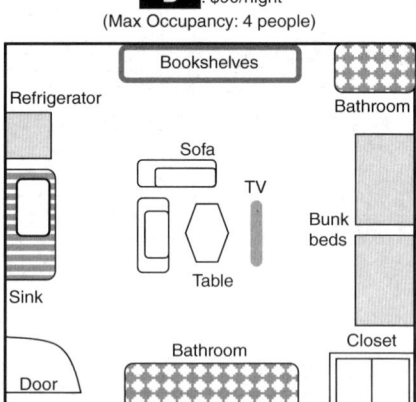

B: $90/night
(Max Occupancy: 4 people)

Jen 선생님의 **차트분석**

1. Room A: 왼쪽 상단에 1인용 침대가 두 개 있다. (on the upper-left side of 명사)
2. Room B: 중앙에 TV, 작은 테이블, 그리고 소파가 있다. (in the middle of 명사)
3. Room B: 소파 뒤에는 싱크대와 냉장고가 놓여 있다. (behind 명사)

VOCAB 호스텔 (값싼 숙소) hostel   배치 layout   1인용 침대 single bed   2단 침대 bunk bed   방 건너 편에 across the room
가정용 전자제품 home appliances   필수 설비/시설 essential facility

IELTS Writing Answer Sheet — TASK 1

WRITING TASK 2

You should spend about 40 minutes on this task.

Write about the following topic.

> **Some experts are concerned that people in modern society change their electronic devices when not necessary.**
>
> **Why is this phenomenon occurring? Explain if this has a positive or negative effect on society.**

Give reasons for your answer and include any relevant examples from your own knowledge or experience.

Write at least 250 words.

Jen 선생님의 **답안 구조 잡기**

논지
- 사람들은 유행을 따르기 위해 전자 기기를 더 자주 바꾸고, 이러한 현상은 부정적이다.

본론 1
- 입장: 사람들은 유행 때문에 전자기기를 자주 바꾼다.
  (social trends)
- 근거: 유행 = 최신 경향에 대해 알아야 한다고 생각한다.
  (keep up with the latest trend)
- 예시: 새로 출시된 애플 제품을 구입하는 경향이 있다.
  (the newest Apple products)

본론 2
- 입장: 이러한 현상은 사회에 부정적인 영향을 미친다.
  (negative effects on society)
- 근거: 결국 환경을 오염시키게 된다.
  (end up polluting the environment)
- 예시: 잘못된 폐기기들의 재활용이 사람과 환경을 해치는 기체를 배출한다.
  (gases that harm people and the environment)

VOCAB 유행, 사회적 경향 social trend ~에도 불구하고 even if 이전 버전 older version ~에 대해 알다 keep up with 쓰레기 폐기장 waste dump 최소화하다 minimize 손상, 피해 damage

IELTS Writing Answer Sheet — TASK 2

SELF-CHECK LIST | Actual Test 09

이번 테스트는 어땠나요?
다음 체크 리스트로 자신의 테스트 진행 내용을 점검해 볼까요?

TASK 1

• 차트를 소개할 때 문제를 옮겨 쓰지 않고 동의어를 활용했는가?	☐ Yes	☐ No
• 본론에 두 개 이상의 항목/정보들을 비교 또는 대조했는가?	☐ Yes	☐ No
• 제시된 수치/정보들을 적절한 곳에 포함하며 특징을 요약했는가?	☐ Yes	☐ No
• 차트/그림 전반의 경향을 담고 있는 문장을 답안에 제시했는가?	☐ Yes	☐ No
• 적절하고 다양한 전환 어구들을 사용해서 문단을 구성했는가?	☐ Yes	☐ No
• 글을 완성한 후, 눈에 띄는 문법 실수를 수정했는가?	☐ Yes	☐ No
• 정해진 글자 수(최소 150단어)를 채웠는가?	☐ Yes	☐ No

TASK 2

• 서론을 시작하면서 문제의 핵심단어를 포함했는가?	☐ Yes	☐ No
• 서론을 마무리하면서 글의 방향을 제시했는가?	☐ Yes	☐ No
• 본론 1 도입부에서 명확한 입장과 근거를 밝혔는가?	☐ Yes	☐ No
• 본론 1의 예시가 입장을 힘있게 뒷받침 했는가?	☐ Yes	☐ No
• 본론 1이 주제에서 벗어나지 않게 마무리되었는가?	☐ Yes	☐ No
• 본론 2 도입부에서 명확한 입장과 근거를 밝혔는가?	☐ Yes	☐ No
• 본론 2의 예시가 입장을 힘있게 뒷받침 했는가?	☐ Yes	☐ No
• 본론 2가 주제에서 벗어나지 않게 마무리되었는가?	☐ Yes	☐ No
• 결론에 본론 두 개에서 논의된 내용을 요약했는가?	☐ Yes	☐ No
• 적절하고 다양한 전환 어구들을 사용해서 글을 전개했는가?	☐ Yes	☐ No
• 글을 완성한 후, 눈에 띄는 문법 실수를 수정했는가?	☐ Yes	☐ No
• 정해진 글자 수(최소 250단어)를 채웠는가?	☐ Yes	☐ No

www.goHackers.com

스타 IELTS 실전 WRITING

Actual Test 10

TASK 1

TASK 2

WRITING TASK 1

You should spend about 20 minutes on this task.

The maps below show the city layout of Brisbane between 1975 and the current day.

Summarise the information by selecting and reporting the main features, and make comparisons where relevant.

Write at least 150 words.

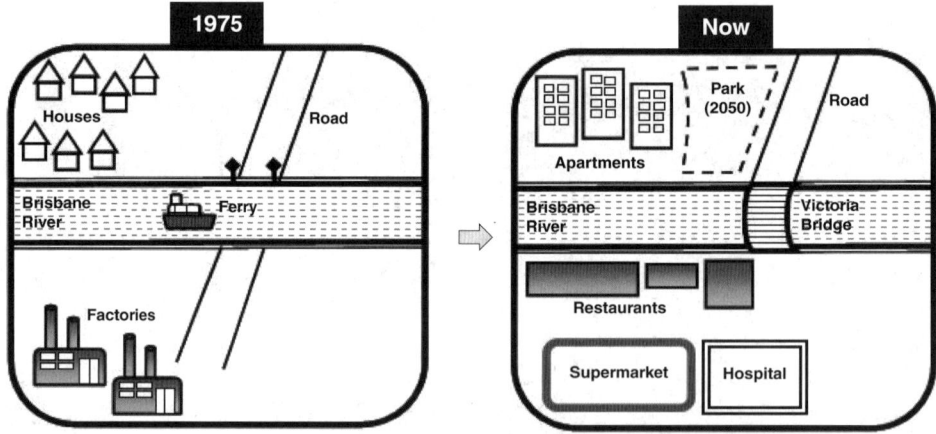

Jen 선생님의 차트분석

1. 도시의 가장 눈에 띄는 요소는 브리즈번강이다. (the most noticeable feature)
2. 단독 주택이 아파트 건물로 개조되었다. (have been converted into)
3. 도시가 1975년과 현재 사이 집약적 발전의 시기를 겪어왔다. (a period of intensive development)

VOCAB 저개발의 underdeveloped   단독 주택 single-family homes   개조하다, 바꾸다 convert   공공의 사용 public use
새로 건설된 newly-constructed   위치하다 locate   겪다 go through

IELTS Writing Answer Sheet — TASK 1

WRITING TASK 2

You should spend about 40 minutes on this task.

Write about the following topic.

> **Discuss the effects of a criminal's right to a trial by jury.**
>
> **Is this a positive or negative thing? How does this affect criminals and society?**

Give reasons for your answer and include any relevant examples from your own knowledge or experience.

Write at least 250 words.

Jen 선생님의 **답안 구조 잡기**

논지	· 배심 재판은 무고한 시민의 기소를 막으므로 긍정적이고, 사회에 긍정적 영향을 미친다.
본론1	· 입장: 정부가 무고한 시민을 기소하는 것을 막으므로 건설적이다. 　(accusing an innocent citizen of a crime X) · 근거: 범죄로 고발된 사람들이 결백을 입증할 기회를 가진다. 　(opportunity to show that they are innocent) · 예시: 남아프리카 = 배심 재판을 허용하지 않아서 무고한 죄수들의 숫자가 높다고 의심된다. 　(the number of innocent convicts ↑)
본론2	· 입장: 사회에 긍정적인 영향을 미친다. 　(positive effects on society) · 근거: 일반 시민들이 어떻게 법이 삶에 영향을 미치는지 볼 수 있다. 　(how the law affects their lives) · 예시: 배심재판을 허용하는 나라는 투표 참여율이 높다. 　(higher voter turnout rate)

VOCAB 기소하다, 고발하다 accuse 법정, 법원 a court of law 방지하다 prevent 증거 proof 유죄의 guilty 재소자; 유죄를 선고하다 convict 의심하다 suspect

IELTS Writing Answer Sheet — TASK 2

SELF-CHECK LIST | Actual Test 10

이번 테스트는 어땠나요?
다음 체크 리스트로 자신의 테스트 진행 내용을 점검해 볼까요?

TASK 1

· 차트를 소개할 때 문제를 옮겨 쓰지 않고 동의어를 활용했는가?	☐ Yes	☐ No
· 본론에 두 개 이상의 항목/정보들을 비교 또는 대조했는가?	☐ Yes	☐ No
· 제시된 수치/정보들을 적절한 곳에 포함하며 특징을 요약했는가?	☐ Yes	☐ No
· 차트/그림 전반의 경향을 담고 있는 문장을 답안에 제시했는가?	☐ Yes	☐ No
· 적절하고 다양한 전환 어구들을 사용해서 문단을 구성했는가?	☐ Yes	☐ No
· 글을 완성한 후, 눈에 띄는 문법 실수를 수정했는가?	☐ Yes	☐ No
· 정해진 글자 수(최소 150단어)를 채웠는가?	☐ Yes	☐ No

TASK 2

· 서론을 시작하면서 문제의 핵심단어를 포함했는가?	☐ Yes	☐ No
· 서론을 마무리하면서 글의 방향을 제시했는가?	☐ Yes	☐ No
· 본론 1 도입부에서 명확한 입장과 근거를 밝혔는가?	☐ Yes	☐ No
· 본론 1의 예시가 입장을 힘있게 뒷받침 했는가?	☐ Yes	☐ No
· 본론 1이 주제에서 벗어나지 않게 마무리되었는가?	☐ Yes	☐ No
· 본론 2 도입부에서 명확한 입장과 근거를 밝혔는가?	☐ Yes	☐ No
· 본론 2의 예시가 입장을 힘있게 뒷받침 했는가?	☐ Yes	☐ No
· 본론 2가 주제에서 벗어나지 않게 마무리되었는가?	☐ Yes	☐ No
· 결론에 본론 두 개에서 논의된 내용을 요약했는가?	☐ Yes	☐ No
· 적절하고 다양한 전환 어구들을 사용해서 글을 전개했는가?	☐ Yes	☐ No
· 글을 완성한 후, 눈에 띄는 문법 실수를 수정했는가?	☐ Yes	☐ No
· 정해진 글자 수(최소 250단어)를 채웠는가?	☐ Yes	☐ No

www.goHackers.com

스타 IELTS 실전 WRITING

Actual Test 11

TASK 1

TASK 2

WRITING TASK 1

You should spend about 20 minutes on this task.

The diagram below shows how water moves on land and in the ocean.

Summarise the information by selecting and reporting the main features, and make comparisons where relevant.

Write at least 150 words.

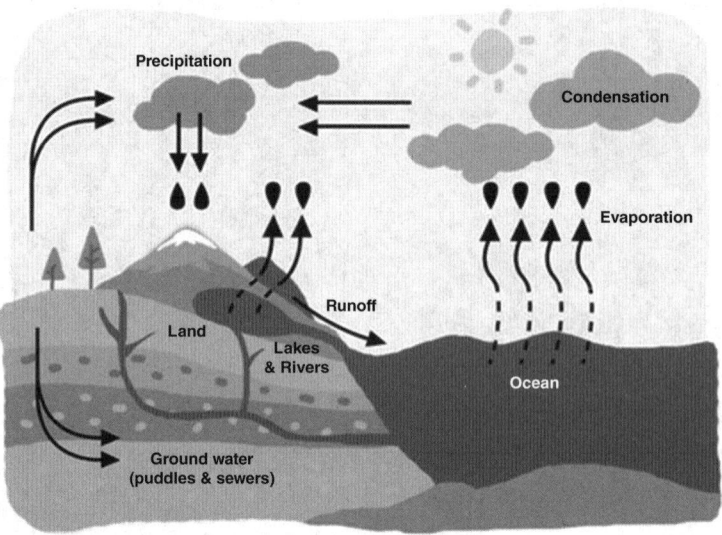

Jen 선생님의 차트분석

1. 태양이 물을 대기로 증발시킨다. (causes water to evaporate)
2. 물은 눈과 비와 같은 침전물의 형태로 육지로 다시 떨어진다. (in the form of precipitation)
3. 유출수는 바다로 이동할 것이다. (will travel to the ocean)

VOCAB 대기 atmosphere   작은 물방울 water droplets   응결 condensation   육지, 땅 ground   침전물 precipitation
유출수 runoff water   반복적으로 repeatedly

IELTS Writing Answer Sheet — TASK 1

WRITING TASK 2

You should spend about 40 minutes on this task.

Write about the following topic.

> **Some people say that the extensive use of computers in schools will replace the role of teachers.**
>
> **To what extent do you agree or disagree?**

Give reasons for your answer and include any relevant examples from your own knowledge or experience.

Write at least 250 words.

Jen 선생님의 **답안 구조 잡기**

논지	• 컴퓨터는 교사들의 업무를 보조하는 역할이므로 실질적 교사들의 역할을 대체할 수는 없다.
본론1	• 입장: 교사들은 정보 이상의 것을 학생에게 제공한다. 　　(teachers provide more than just information) • 근거: 컴퓨터 = 정보만 제공 vs. 교사 = 정보를 학생들에게 설명 　　(provide information vs. explain information) • 예시: 정보를 특정 상황에 어떻게 적용하는지는 교사가 보여준다. 　　(show how to apply information)
본론2	• 입장: 컴퓨터는 교사가 더 효율적으로 일하는 것을 돕는다. 　　(help teachers work more efficiently) • 근거: 컴퓨터 덕분에 행정 업무가 빨라짐 → 교사는 가르치는 데 집중할 수 있다. 　　(administrative work in less time) • 예시: 컴퓨터가 없었을 때는, 모든 일을 교사가 손수 해야 했었다. 　　(all work had to be done manually)

VOCAB (업무를) 행하다, 해내다 perform　적용하다 apply　수동으로 manually　직접, 스스로 by hand
행정업무 administrative work　효율적인 efficient　대체하다 replace

IELTS Writing Answer Sheet — TASK 2

SELF-CHECK LIST | Actual Test 11

이번 테스트는 어땠나요?
다음 체크 리스트로 자신의 테스트 진행 내용을 점검해 볼까요?

TASK 1

· 차트를 소개할 때 문제를 옮겨 쓰지 않고 동의어를 활용했는가?	☐ Yes	☐ No
· 본론에 두 개 이상의 항목/정보들을 비교 또는 대조했는가?	☐ Yes	☐ No
· 제시된 수치/정보들을 적절한 곳에 포함하며 특징을 요약했는가?	☐ Yes	☐ No
· 차트/그림 전반의 경향을 담고 있는 문장을 답안에 제시했는가?	☐ Yes	☐ No
· 적절하고 다양한 전환 어구들을 사용해서 문단을 구성했는가?	☐ Yes	☐ No
· 글을 완성한 후, 눈에 띄는 문법 실수를 수정했는가?	☐ Yes	☐ No
· 정해진 글자 수(최소 150단어)를 채웠는가?	☐ Yes	☐ No

TASK 2

· 서론을 시작하면서 문제의 핵심단어를 포함했는가?	☐ Yes	☐ No
· 서론을 마무리하면서 글의 방향을 제시했는가?	☐ Yes	☐ No
· 본론 1 도입부에서 명확한 입장과 근거를 밝혔는가?	☐ Yes	☐ No
· 본론 1의 예시가 입장을 힘있게 뒷받침 했는가?	☐ Yes	☐ No
· 본론 1이 주제에서 벗어나지 않게 마무리되었는가?	☐ Yes	☐ No
· 본론 2 도입부에서 명확한 입장과 근거를 밝혔는가?	☐ Yes	☐ No
· 본론 2의 예시가 입장을 힘있게 뒷받침 했는가?	☐ Yes	☐ No
· 본론 2가 주제에서 벗어나지 않게 마무리되었는가?	☐ Yes	☐ No
· 결론에 본론 두 개에서 논의된 내용을 요약했는가?	☐ Yes	☐ No
· 적절하고 다양한 전환 어구들을 사용해서 글을 전개했는가?	☐ Yes	☐ No
· 글을 완성한 후, 눈에 띄는 문법 실수를 수정했는가?	☐ Yes	☐ No
· 정해진 글자 수(최소 250단어)를 채웠는가?	☐ Yes	☐ No

www.goHackers.com

스타 IELTS 실전 WRITING

Actual Test 12

TASK 1

TASK 2

WRITING TASK 1

You should spend about 20 minutes on this task.

The diagram below shows how newspapers are recycled.

Summarise the information by selecting and reporting the main features, and make comparisons where relevant.

Write at least 150 words.

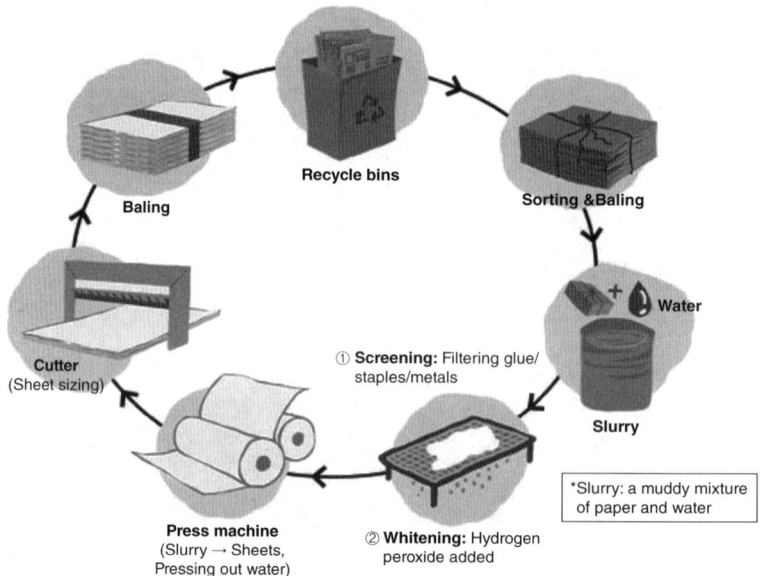

Jen 선생님의 차트분석

1. 신문들이 수거되고 분류 시설로 배달된다. (delivered to a sorting facility)
2. 슬러리(slurry)라고 불리는 혼합물을 형성하기 위해서 물이 종이와 섞인다. (form a mixture called a slurry)
3. 압축 기계가 펄프를 종이로 형성하고 과잉 수분을 짜내면서 익숙한 신문 모양이 다시 얻어진다. (the familiar newspaper shape)

VOCAB 놓다 deposit   배달하다 deliver   활용하다 utilize   오염 물질 contaminant   표백하다 whiten   짜다, 압착하다 squeeze   과잉의, 초과한 excess

IELTS Writing Answer Sheet — TASK 1

WRITING TASK 2

You should spend about 40 minutes on this task.

Write about the following topic.

> **Animal testing has a positive impact on scientific research, but it can have a negative effect on animals and lead to financial waste.**
>
> **Discuss the advantages and disadvantages of animal experimentation.**

Give reasons for your answer and include any relevant examples from your own knowledge or experience.

Write at least 250 words.

Jen 선생님의 **답안 구조 잡기**

논지	• 동물실험의 이점과 위험성 모두를 이해하는 것은 중요하다.
본론1	• 입장: 의료 연구 분야에서는 필수가 되었다. 　　　(has become essential) • 근거: 더 신뢰할 만한 치료법을 개발할 수 있다. 　　　(more reliable treatments) • 예시: 새로운 백신을 개발하는 과정에서 동물 실험은 필수이다. 　　　(developing new vaccines)
본론2	• 입장: 윤리적, 재정적 단점들이 간과될 수는 없다. 　　　(ethical and financial disadvantages) • 예시(1): 화장품 제조업자들은 동물을 이용해서 제품을 개발한다. 　　　(makeup manufacturers) • 예시(2): 성공하지도 못한 실험을 하기 위해 막대한 양의 돈을 썼다. 　　　(unsuccessful experiments on animals)

VOCAB　신뢰할 만한 reliable　윤리적인 ethical　재정적인 financial　약의 효과 drug's effectiveness
　　　　　인간의 건강 human health　꼭 필요하지는 않은 경우 non-essential cases　최우선 사항 top priority

IELTS Writing Answer Sheet — TASK 2

SELF-CHECK LIST | Actual Test 12

이번 테스트는 어땠나요?
다음 체크 리스트로 자신의 테스트 진행 내용을 점검해 볼까요?

TASK 1

· 차트를 소개할 때 문제를 옮겨 쓰지 않고 동의어를 활용했는가?	☐ Yes	☐ No
· 본론에 두 개 이상의 항목/정보들을 비교 또는 대조했는가?	☐ Yes	☐ No
· 제시된 수치/정보들을 적절한 곳에 포함하며 특징을 요약했는가?	☐ Yes	☐ No
· 차트/그림 전반의 경향을 담고 있는 문장을 답안에 제시했는가?	☐ Yes	☐ No
· 적절하고 다양한 전환 어구들을 사용해서 문단을 구성했는가?	☐ Yes	☐ No
· 글을 완성한 후, 눈에 띄는 문법 실수를 수정했는가?	☐ Yes	☐ No
· 정해진 글자 수(최소 150단어)를 채웠는가?	☐ Yes	☐ No

TASK 2

· 서론을 시작하면서 문제의 핵심단어를 포함했는가?	☐ Yes	☐ No
· 서론을 마무리하면서 글의 방향을 제시했는가?	☐ Yes	☐ No
· 본론 1 도입부에서 명확한 입장과 근거를 밝혔는가?	☐ Yes	☐ No
· 본론 1의 예시가 입장을 힘있게 뒷받침 했는가?	☐ Yes	☐ No
· 본론 1이 주제에서 벗어나지 않게 마무리되었는가?	☐ Yes	☐ No
· 본론 2 도입부에서 명확한 입장과 근거를 밝혔는가?	☐ Yes	☐ No
· 본론 2의 예시가 입장을 힘있게 뒷받침 했는가?	☐ Yes	☐ No
· 본론 2가 주제에서 벗어나지 않게 마무리되었는가?	☐ Yes	☐ No
· 결론에 본론 두 개에서 논의된 내용을 요약했는가?	☐ Yes	☐ No
· 적절하고 다양한 전환 어구들을 사용해서 글을 전개했는가?	☐ Yes	☐ No
· 글을 완성한 후, 눈에 띄는 문법 실수를 수정했는가?	☐ Yes	☐ No
· 정해진 글자 수(최소 250단어)를 채웠는가?	☐ Yes	☐ No

www.goHackers.com

스타 IELTS 실전 WRITING

Actual Test 13

TASK 1

TASK 2

WRITING TASK 1

You should spend about 20 minutes on this task.

The table below shows the results of a survey asking US consumers about shopping at K-Mart.

Summarise the information by selecting and reporting the main features, and make comparisons where relevant.

Write at least 150 words.

Survey Response

Reason	Male	Female	Avg.
Friendly staff	7 %	8 %	7.5 %
Good prices	15 %	17 %	16.0 %
Close to home	30 %	20 %	25.0 %
Parking	17 %	19 %	18.0 %
Good reputation	18 %	27 %	22.5 %
24-hour service	2 %	0 %	1.0 %
Others	11 %	9 %	10.0 %

Jen 선생님의 **차트분석**

1. 매우 많은 남성들이 K마트가 그들의 집과 가까웠기 때문에 그 마트를 선호했다. (a disproportionate number of males)
2. 가게의 평판은 남성들보다는 여성들에게 더 중요했다. (the store's reputation)
3. 24시간 서비스와 친절한 직원은 흔한 응답들이 아니었다. (common responses)

VOCAB 균형이 안 맞는, 불균형의 disproportionate   선호하다 prefer   주목할 만한 noteworthy   차지하다 account for   말하다 report   응답 response   다르다 differ

IELTS Writing Answer Sheet — TASK 1

WRITING TASK 2

You should spend about 40 minutes on this task.

Write about the following topic.

> Many experts have noted that people in modern society do not exercise often.
>
> What is a cause and solution to this problem?

Give reasons for your answer and include any relevant examples from your own knowledge or experience.

Write at least 250 words.

Jen 선생님의 **답안 구조 잡기**

논지	• 운동 부족의 원인은 동기 부족이므로, 운동을 즐길 수 있는 방법들을 개발해야 한다.
본론 1	• 입장: 원인 = 즉각적 결과를 보지 못하면 운동을 단념한다. 　　　(immediate results) • 근거: 눈에 띄는 결과와 건강의 향상은 점진적이다. 　　　(improvements in health are gradual) • 예시: 운동을 안 하는 사람들은 동기 부족이 원인이라고 말한다. 　　　(lack motivation)
본론 2	• 입장: 해결책 = 자신에게 맞는 운동 프로그램을 개발해야 한다. 　　　(develop exercise an program) • 근거: 자신의 체력 파악과 현실적인 목표를 세워야 한다. 　　　(physical fitness level & realistic goals) • 예시: 정해진 운동 순서를 가지고 체력에 맞게 강도를 높여야 한다. 　　　(fixed exercise routine)

VOCAB 즉각적인 immediate　향상 improvement　동기 motivation　규칙적으로, 정기적으로 regularly
인지하다, 인식하다 acknowledge　건강(상태) fitness　목표를 세우다 set goals

IELTS Writing Answer Sheet — TASK 2

SELF-CHECK LIST | Actual Test 13

이번 테스트는 어땠나요?
다음 체크 리스트로 자신의 테스트 진행 내용을 점검해 볼까요?

TASK 1

	Yes	No
· 차트를 소개할 때 문제를 옮겨 쓰지 않고 동의어를 활용했는가?	☐ Yes	☐ No
· 본론에 두 개 이상의 항목/정보들을 비교 또는 대조했는가?	☐ Yes	☐ No
· 제시된 수치/정보들을 적절한 곳에 포함하며 특징을 요약했는가?	☐ Yes	☐ No
· 차트/그림 전반의 경향을 담고 있는 문장을 답안에 제시했는가?	☐ Yes	☐ No
· 적절하고 다양한 전환 어구들을 사용해서 문단을 구성했는가?	☐ Yes	☐ No
· 글을 완성한 후, 눈에 띄는 문법 실수를 수정했는가?	☐ Yes	☐ No
· 정해진 글자 수(최소 150단어)를 채웠는가?	☐ Yes	☐ No

TASK 2

	Yes	No
· 서론을 시작하면서 문제의 핵심단어를 포함했는가?	☐ Yes	☐ No
· 서론을 마무리하면서 글의 방향을 제시했는가?	☐ Yes	☐ No
· 본론 1 도입부에서 명확한 입장과 근거를 밝혔는가?	☐ Yes	☐ No
· 본론 1의 예시가 입장을 힘있게 뒷받침 했는가?	☐ Yes	☐ No
· 본론 1이 주제에서 벗어나지 않게 마무리되었는가?	☐ Yes	☐ No
· 본론 2 도입부에서 명확한 입장과 근거를 밝혔는가?	☐ Yes	☐ No
· 본론 2의 예시가 입장을 힘있게 뒷받침 했는가?	☐ Yes	☐ No
· 본론 2가 주제에서 벗어나지 않게 마무리되었는가?	☐ Yes	☐ No
· 결론에 본론 두 개에서 논의된 내용을 요약했는가?	☐ Yes	☐ No
· 적절하고 다양한 전환 어구들을 사용해서 글을 전개했는가?	☐ Yes	☐ No
· 글을 완성한 후, 눈에 띄는 문법 실수를 수정했는가?	☐ Yes	☐ No
· 정해진 글자 수(최소 250단어)를 채웠는가?	☐ Yes	☐ No

www.goHackers.com

스타 IELTS 실전 WRITING

Actual Test 14

TASK 1

TASK 2

WRITING TASK 1

You should spend about 20 minutes on this task.

The charts below show the number of marriages and divorces in the USA from 1930 to 2010.

Summarise the information by selecting and reporting the main features, and make comparisons where relevant.

Write at least 150 words.

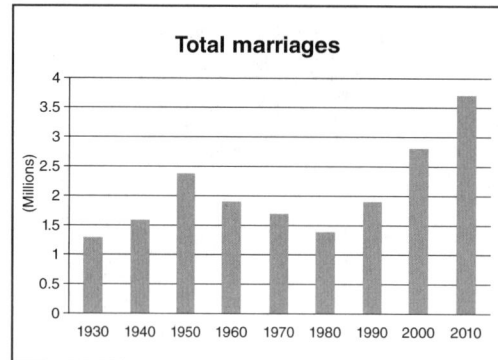

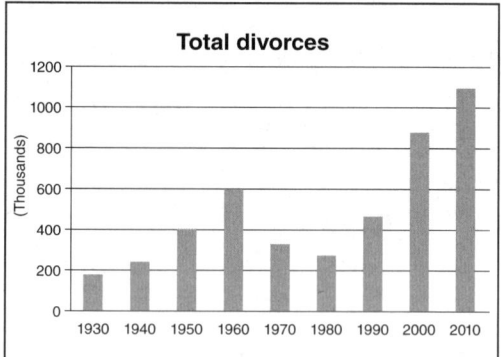

Jen 선생님의 차트분석

1. 총 결혼과 이혼은 기간 내내 비슷한 전반적 경향을 따랐다. (followed similar overall trends)
2. 1930년부터 1950년까지 두 수치 모두에 있어 증가하는 경향이 보였고, 그런 다음 1980년까지 수치들은 감소했다.
   (A rising trend in both figures)
3. 결혼과 이혼 건수는 1980년 이후 십 년마다 증가를 보여줌으로써 급상승했다. (by showing increases)

VOCAB 간격 interval 총; 총 ~이 되다 total 구체적으로 specifically 급상승하다 skyrocket 십 년 decade ~을 넘다 surpass
상당히 substantially

IELTS Writing Answer Sheet — TASK 1

WRITING TASK 2

You should spend about 40 minutes on this task.

Write about the following topic.

> **Some people believe that family members have the most influence on children's development while others believe that those in the child's surrounding environment have more influence.**
>
> **Discuss both views and give your own opinion.**

Give reasons for your answer and include any relevant examples from your own knowledge or experience.

Write at least 250 words.

Jen 선생님의 답안 구조 잡기

논지	• 가족의 안과 밖에 있는 사람들 모두 아이들의 발달에 영향을 끼친다.
본론 1	• 입장: 가족 구성원들의 영향이 크다는 입장이 있다. 　　(influence of family members) • 근거: 가족의 습관과 일상에 매일 노출되기 때문이다. 　　(habits and routines) • 예시: 아이는 주로 성격, 신념 체계, 가치관 면에서 부모를 닮는다. 　　(personality, belief system, and values)
본론 2	• 입장: 아이 주변 환경에 있는 이들의 영향이 크다는 입장이 있다. 　　(people surrounding the child) • 근거: 친구와 교사들과 교류하며 많은 시간을 보낸다. 　　(interacting with friends and teachers) • 예시: 아이들은 주변인들과 흥미를 공유하고 다양한 활동에 참여한다. 　　(share interests & participate in activities)

VOCAB 분석하다 analyze　일상 routine　닮다 take after　부과하다 impose　모방하다 imitate　정기적으로 on a regular basis
지인 acquaintance

IELTS Writing Answer Sheet — TASK 2

SELF-CHECK LIST | Actual Test 14

이번 테스트는 어땠나요?
다음 체크 리스트로 자신의 테스트 진행 내용을 점검해 볼까요?

TASK 1

• 차트를 소개할 때 문제를 옮겨 쓰지 않고 동의어를 활용했는가?	☐ Yes	☐ No
• 본론에 두 개 이상의 항목/정보들을 비교 또는 대조했는가?	☐ Yes	☐ No
• 제시된 수치/정보들을 적절한 곳에 포함하며 특징을 요약했는가?	☐ Yes	☐ No
• 차트/그림 전반의 경향을 담고 있는 문장을 답안에 제시했는가?	☐ Yes	☐ No
• 적절하고 다양한 전환 어구들을 사용해서 문단을 구성했는가?	☐ Yes	☐ No
• 글을 완성한 후, 눈에 띄는 문법 실수를 수정했는가?	☐ Yes	☐ No
• 정해진 글자 수(최소 150단어)를 채웠는가?	☐ Yes	☐ No

TASK 2

• 서론을 시작하면서 문제의 핵심단어를 포함했는가?	☐ Yes	☐ No
• 서론을 마무리하면서 글의 방향을 제시했는가?	☐ Yes	☐ No
• 본론 1 도입부에서 명확한 입장과 근거를 밝혔는가?	☐ Yes	☐ No
• 본론 1의 예시가 입장을 힘있게 뒷받침 했는가?	☐ Yes	☐ No
• 본론 1이 주제에서 벗어나지 않게 마무리되었는가?	☐ Yes	☐ No
• 본론 2 도입부에서 명확한 입장과 근거를 밝혔는가?	☐ Yes	☐ No
• 본론 2의 예시가 입장을 힘있게 뒷받침 했는가?	☐ Yes	☐ No
• 본론 2가 주제에서 벗어나지 않게 마무리되었는가?	☐ Yes	☐ No
• 결론에 본론 두 개에서 논의된 내용을 요약했는가?	☐ Yes	☐ No
• 적절하고 다양한 전환 어구들을 사용해서 글을 전개했는가?	☐ Yes	☐ No
• 글을 완성한 후, 눈에 띄는 문법 실수를 수정했는가?	☐ Yes	☐ No
• 정해진 글자 수(최소 250단어)를 채웠는가?	☐ Yes	☐ No

www.goHackers.com

스타 IELTS 실전 WRITING

Actual Test 15

TASK 1

TASK 2

WRITING TASK 1

You should spend about 20 minutes on this task.

The charts below show the general happiness level in Korean society by age, gender, and income in 1980 and 2012.

Summarise the information by selecting and reporting the main features, and make comparisons where relevant.

Write at least 150 words.

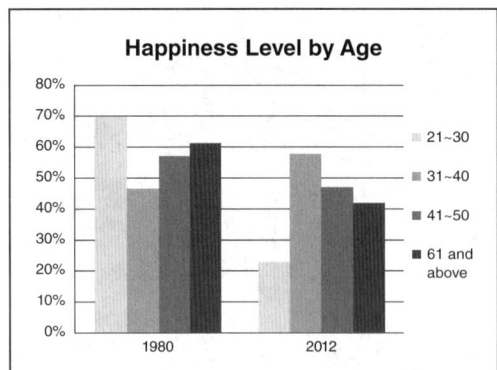

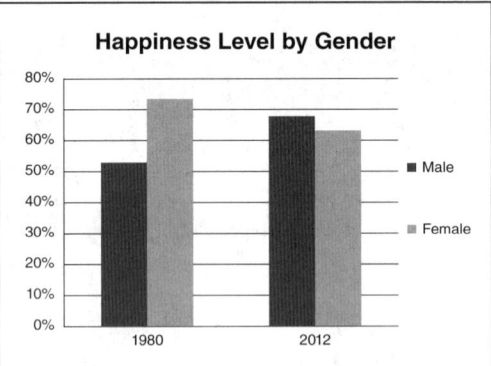

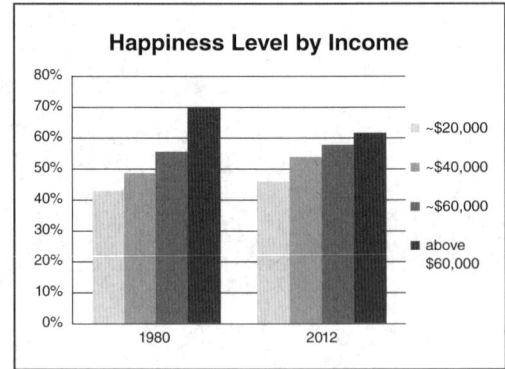

Jen 선생님의 **차트분석**

1. 1980년에 70%로 21세와 30세 사이 사람들 사이에서의 행복 정도가 가장 높았다. (was the highest)
2. 1980년에 31세와 40세 사이의 사람들은 가장 행복하지 않았던 사람들이었다. (the least happy people)
3. 1980년과 2012년 두 해에 수입이 늘면서 행복 정도가 꾸준히 증가했다. (as income increased)

VOCAB 수입 income 상당히 substantially 주목할 만한 notable (돈을) 벌다 earn 중년의 성인들 middle-aged adults
증가를 보이다 see increases ~을 제외한 except for

IELTS Writing Answer Sheet — TASK 1

WRITING TASK 2

You should spend about 40 minutes on this task.

Write about the following topic.

> **In some developed countries, obesity among children has become a serious problem.**
>
> **What are the causes of this phenomenon, and how can this problem be addressed?**

Give reasons for your answer and include any relevant examples from your own knowledge or experience.

Write at least 250 words.

Jen 선생님의 **답안 구조 잡기**

논지	· 소아 비만의 원인은 식습관이고, 정부가 역할을 해야 한다.
본론1	· 입장: 원인 = 식습관 　　(eating habits) · 근거: 패스트푸드와 지방과 설탕 함유량이 높은 음식을 섭취한다. 　　(foods high in fat and sugar content) · 예시: 신선한 과일과 야채를 먹는 아이들은 비만의 여지가 낮다. 　　(fresh fruits & vegetables = lower prevalence of obesity)
본론2	· 입장: 해결책 = 정부가 건강한 식단의 발달을 장려하는 역할을 해야 한다. 　　(development of healthy dietary) · 근거: 소아 비만을 줄이기 위한 캠페인을 실시할 수 있다. 　　(campaigns to decrease childhood obesity) · 예시: 건강한 식습관에 대한 인식이 높아졌다. 　　(raise awareness about healthy eating habits)

VOCAB 조사하다, 연구하다 investigate　비만인 obese　균형 잡힌 balanced　광범위한 widespread　식습관 dietary habits
대응하다 confront　실행하다, 이행하다 implement

IELTS Writing Answer Sheet — TASK 2

SELF-CHECK LIST | Actual Test 15

이번 테스트는 어땠나요?
다음 체크 리스트로 자신의 테스트 진행 내용을 점검해 볼까요?

TASK 1

· 차트를 소개할 때 문제를 옮겨 쓰지 않고 동의어를 활용했는가?	☐ Yes	☐ No
· 본론에 두 개 이상의 항목/정보들을 비교 또는 대조했는가?	☐ Yes	☐ No
· 제시된 수치/정보들을 적절한 곳에 포함하며 특징을 요약했는가?	☐ Yes	☐ No
· 차트/그림 전반의 경향을 담고 있는 문장을 답안에 제시했는가?	☐ Yes	☐ No
· 적절하고 다양한 전환 어구들을 사용해서 문단을 구성했는가?	☐ Yes	☐ No
· 글을 완성한 후, 눈에 띄는 문법 실수를 수정했는가?	☐ Yes	☐ No
· 정해진 글자 수(최소 150단어)를 채웠는가?	☐ Yes	☐ No

TASK 2

· 서론을 시작하면서 문제의 핵심단어를 포함했는가?	☐ Yes	☐ No
· 서론을 마무리하면서 글의 방향을 제시했는가?	☐ Yes	☐ No
· 본론 1 도입부에서 명확한 입장과 근거를 밝혔는가?	☐ Yes	☐ No
· 본론 1의 예시가 입장을 힘있게 뒷받침 했는가?	☐ Yes	☐ No
· 본론 1이 주제에서 벗어나지 않게 마무리되었는가?	☐ Yes	☐ No
· 본론 2 도입부에서 명확한 입장과 근거를 밝혔는가?	☐ Yes	☐ No
· 본론 2의 예시가 입장을 힘있게 뒷받침 했는가?	☐ Yes	☐ No
· 본론 2가 주제에서 벗어나지 않게 마무리되었는가?	☐ Yes	☐ No
· 결론에 본론 두 개에서 논의된 내용을 요약했는가?	☐ Yes	☐ No
· 적절하고 다양한 전환 어구들을 사용해서 글을 전개했는가?	☐ Yes	☐ No
· 글을 완성한 후, 눈에 띄는 문법 실수를 수정했는가?	☐ Yes	☐ No
· 정해진 글자 수(최소 250단어)를 채웠는가?	☐ Yes	☐ No

www.goHackers.com

스타 IELTS 실전 WRITING

Actual Test 16

TASK 1

TASK 2

WRITING TASK 1

You should spend about 20 minutes on this task.

The charts below show election participation by age, gender, and income in Japan between 1990 and 2010.

Summarise the information by selecting and reporting the main features, and make comparisons where relevant.

Write at least 150 words.

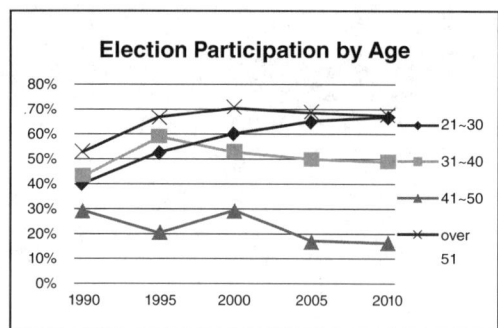

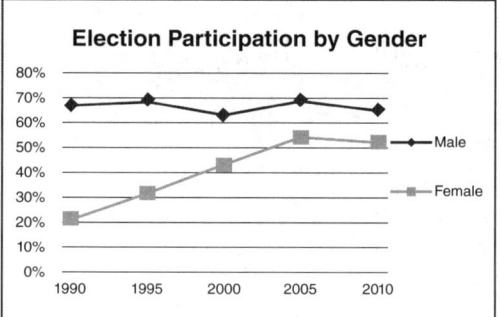

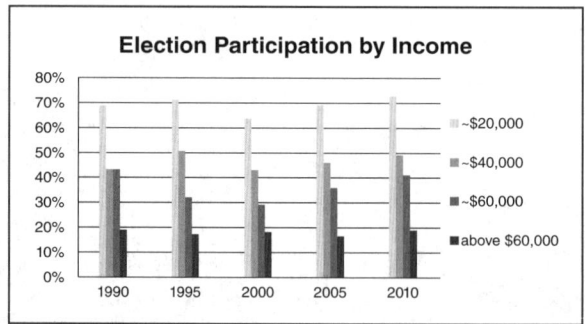

Jen 선생님의 **차트분석**

1. 21세와 30세 사이인 사람들 사이에서의 투표자 참여는 1990년에 40%부터 2000년에 60%까지 계속 증가했다. (increased constantly)
2. 51세 이상인 사람들 사이의 선거 참여는 기간 내내 변함없이 높았다. (was consistently high)
3. 연간 60,000달러 이상을 벌었던 사람들 사이에서의 참여는 절대 20%를 넘지 않았다. (never surpassed 20%)

VOCAB 계속, 변함없이 constantly ~을 넘다 surpass 눈에 띄는 noticeable 서서히 gradually ~에 관해서는 in regard to
(돈을) 벌다 earn 반비례하여 inversely

IELTS Writing Answer Sheet — TASK 1

WRITING TASK 2

You should spend about 40 minutes on this task.

Write about the following topic.

> **With the prevalence of the Internet, museums are no longer necessary.**
>
> **To what extent do you agree or disagree?**

Give reasons for your answer and include any relevant examples from your own knowledge or experience.

Write at least 250 words.

Jen 선생님의 답안 구조 잡기

논지	• 박물관은 인터넷이 제공할 수 없는 목적들을 제공하기 때문에 필요하다.
본론1	• 입장: 박물관은 보존되어야 한다. 　　(museums should be preserved) • 근거: 인터넷상의 자료는 신뢰하기 어렵다. 　　(people do not know if the information is trustworthy) • 예시: 위키피디아는 정보를 전문가가 확인하지 않는다. 　　(Wikipedia does not verify information)
본론2	• 입장: 물리적 공간 제공을 위해 필요하다. 　　(physical location to preserve relics) • 근거: 유물을 보존할 장소를 제공한다. 　　(store historical artifacts) • 예시: 인터넷은 제공할 수 없는 물리적 공간 제공의 기능을 충족시킨다. 　　(place to preserve historical remains)

VOCAB 보존하다 preserve 신뢰할 수 있는 trustworthy 유물 relic 고고학자 archeologist 사학자 historian
복원하다, 되돌리다 restore 대체할 수 있는 replaceable

IELTS Writing Answer Sheet — TASK 2

SELF-CHECK LIST | Actual Test 16

이번 테스트는 어땠나요?
다음 체크 리스트로 자신의 테스트 진행 내용을 점검해 볼까요?

TASK 1

· 차트를 소개할 때 문제를 옮겨 쓰지 않고 동의어를 활용했는가?	☐ Yes	☐ No
· 본론에 두 개 이상의 항목/정보들을 비교 또는 대조했는가?	☐ Yes	☐ No
· 제시된 수치/정보들을 적절한 곳에 포함하며 특징을 요약했는가?	☐ Yes	☐ No
· 차트/그림 전반의 경향을 담고 있는 문장을 답안에 제시했는가?	☐ Yes	☐ No
· 적절하고 다양한 전환 어구들을 사용해서 문단을 구성했는가?	☐ Yes	☐ No
· 글을 완성한 후, 눈에 띄는 문법 실수를 수정했는가?	☐ Yes	☐ No
· 정해진 글자 수(최소 150단어)를 채웠는가?	☐ Yes	☐ No

TASK 2

· 서론을 시작하면서 문제의 핵심단어를 포함했는가?	☐ Yes	☐ No
· 서론을 마무리하면서 글의 방향을 제시했는가?	☐ Yes	☐ No
· 본론 1 도입부에서 명확한 입장과 근거를 밝혔는가?	☐ Yes	☐ No
· 본론 1의 예시가 입장을 힘있게 뒷받침 했는가?	☐ Yes	☐ No
· 본론 1이 주제에서 벗어나지 않게 마무리되었는가?	☐ Yes	☐ No
· 본론 2 도입부에서 명확한 입장과 근거를 밝혔는가?	☐ Yes	☐ No
· 본론 2의 예시가 입장을 힘있게 뒷받침 했는가?	☐ Yes	☐ No
· 본론 2가 주제에서 벗어나지 않게 마무리되었는가?	☐ Yes	☐ No
· 결론에 본론 두 개에서 논의된 내용을 요약했는가?	☐ Yes	☐ No
· 적절하고 다양한 전환 어구들을 사용해서 글을 전개했는가?	☐ Yes	☐ No
· 글을 완성한 후, 눈에 띄는 문법 실수를 수정했는가?	☐ Yes	☐ No
· 정해진 글자 수(최소 250단어)를 채웠는가?	☐ Yes	☐ No

www.goHackers.com

스타 IELTS 실전 WRITING

Actual Test 17

TASK 1

TASK 2

WRITING TASK 1

You should spend about 20 minutes on this task.

The diagram below shows the process of rock formation and change.

Summarise the information by selecting and reporting the main features, and make comparisons where relevant.

Write at least 150 words.

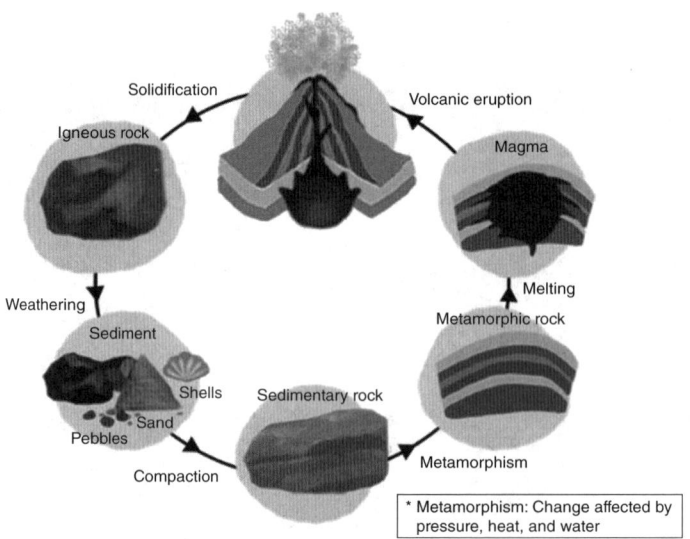

Jen 선생님의 차트분석

1. 지구의 중심으로부터 용암을 분출하는 화산 폭발이 있다. (a volcanic eruption)
2. 마그마가 식으면서 단단해진 후, 화성암을 형성한다. (cools and hardens)
3. 암석이 풍화될 때, 그것들은 모래, 조개껍데기, 자갈과 함께 침전되고, 퇴적물이 된다. (settle with sand, shells and pebbles)

VOCAB 화산 폭발 volcanic eruption   분출하다 expel   용암 lava   지구의 중심, 지구 핵 earth's core   단단해지다 harden
입자 particle   평행한 가는 줄 striation

IELTS Writing Answer Sheet — TASK 1

WRITING TASK 2

You should spend about 40 minutes on this task.

Write about the following topic.

> **Many newspapers and magazines feature stories about the private lives of famous people. We also often see pictures of them in private situations.**
>
> **Is it appropriate for a magazine or newspaper to give this kind of private information about celebrities?**

Give reasons for your answer and include any relevant examples from your own knowledge or experience.

Write at least 250 words.

Jen 선생님의 **답안 구조 잡기**

- **논지**
  - 유명인사들의 개인정보는 대중에게 유용하지 않고, 당사자들을 불편하게 만들기 때문에 적절하지 않다.

- **본론 1**
  - 입장: 신문은 허용되어서는 안 된다.
    (newspapers should not be permitted)
  - 근거: 일반 사람들에게 유용하지 않다.
    (not very useful to the public)
  - 예시: 유명인들이 여가시간에 무엇을 하는지를 기사화하는 것은 유용하지 않다.
    (what celebrities like to do in their free time)

- **본론 2**
  - 입장: 잡지에 기사를 쓸 수 있지만, 너무 개인적이면 안 된다.
    (magazines should not write stories that include personal content)
  - 근거: 관련된 실질적 사람들에게 영향을 줄 수 있다.
    (affect the actual people involved)
  - 예시: 흔히 듣는 스캔들은 사실이 아닌 경우가 많다.
    (celebrity scandals)

VOCAB 출판물, 간행물 publication   성과 accomplishment   기부 donation   자선단체 charity   스캔들, 추문 scandal
소문, 풍문 rumor   신중하게 carefully

IELTS Writing Answer Sheet — TASK 2

SELF-CHECK LIST | Actual Test 17

이번 테스트는 어땠나요?
다음 체크 리스트로 자신의 테스트 진행 내용을 점검해 볼까요?

TASK 1

• 차트를 소개할 때 문제를 옮겨 쓰지 않고 동의어를 활용했는가?	☐ Yes	☐ No
• 본론에 두 개 이상의 항목/정보들을 비교 또는 대조했는가?	☐ Yes	☐ No
• 제시된 수치/정보들을 적절한 곳에 포함하며 특징을 요약했는가?	☐ Yes	☐ No
• 차트/그림 전반의 경향을 담고 있는 문장을 답안에 제시했는가?	☐ Yes	☐ No
• 적절하고 다양한 전환 어구들을 사용해서 문단을 구성했는가?	☐ Yes	☐ No
• 글을 완성한 후, 눈에 띄는 문법 실수를 수정했는가?	☐ Yes	☐ No
• 정해진 글자 수(최소 150단어)를 채웠는가?	☐ Yes	☐ No

TASK 2

• 서론을 시작하면서 문제의 핵심단어를 포함했는가?	☐ Yes	☐ No
• 서론을 마무리하면서 글의 방향을 제시했는가?	☐ Yes	☐ No
• 본론 1 도입부에서 명확한 입장과 근거를 밝혔는가?	☐ Yes	☐ No
• 본론 1의 예시가 입장을 힘있게 뒷받침 했는가?	☐ Yes	☐ No
• 본론 1이 주제에서 벗어나지 않게 마무리되었는가?	☐ Yes	☐ No
• 본론 2 도입부에서 명확한 입장과 근거를 밝혔는가?	☐ Yes	☐ No
• 본론 2의 예시가 입장을 힘있게 뒷받침 했는가?	☐ Yes	☐ No
• 본론 2가 주제에서 벗어나지 않게 마무리되었는가?	☐ Yes	☐ No
• 결론에 본론 두 개에서 논의된 내용을 요약했는가?	☐ Yes	☐ No
• 적절하고 다양한 전환 어구들을 사용해서 글을 전개했는가?	☐ Yes	☐ No
• 글을 완성한 후, 눈에 띄는 문법 실수를 수정했는가?	☐ Yes	☐ No
• 정해진 글자 수(최소 250단어)를 채웠는가?	☐ Yes	☐ No

www.goHackers.com

스타 IELTS 실전 WRITING

Actual Test 18

TASK 1

TASK 2

WRITING TASK 1

You should spend about 20 minutes on this task.

> The graph below shows the number of Canadians employed in five selected industries in 1999 and 2015.
>
> Summarise the information by selecting and reporting the main features, and make comparisons where relevant.

Write at least 150 words.

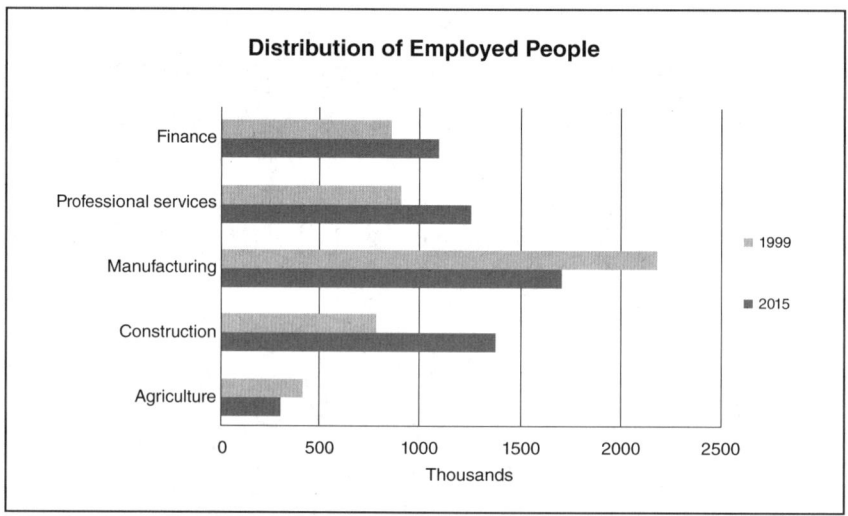

Jen 선생님의 **차트분석**

1. 제조업과 농업은 1999년부터 2015년까지 근로자들을 잃었다. (lost workers)
2. 건설, 전문 서비스, 그리고 금융 산업들은 모두 전반적인 고용에 있어서 상당한 증가를 보였다. (saw significant gains)
3. 다섯 개의 선택된 산업 중 제조업은 가장 많은 캐나다인 들을 고용했다. (employed the most Canadians)

VOCAB 산업 industry   건설 construction   고용 employment   갑절이 되다, 배가하다 double   증가, 상승 gain
결국, 궁극적으로 ultimately

IELTS Writing Answer Sheet — TASK 1

WRITING TASK 2

You should spend about 40 minutes on this task.

Write about the following topic.

> **Because of secondary sources such as books, movies, and the Internet, people can learn about a foreign culture without visiting a foreign country.**
>
> **To what extent do you agree or disagree?**

Give reasons for your answer and include any relevant examples from your own knowledge or experience.

Write at least 250 words.

Jen 선생님의 **답안 구조 잡기**

논지	· 간접 자료는 정보를 잘못 전할 수 있고, 직접 방문을 해야 실제 사회 변화들을 볼 수 있다.
본론1	· 입장: 간접 자료들이 문화를 잘못 전할 수 있다. 　　(misrepresent a culture) · 근거: 몇몇 나라들이 해외에서의 그들의 이미지에 대해 신경 쓴다. 　　(concerned about their image abroad) · 예시: 미국 관광객들의 설문 조사 　　(tourists in the United States)
본론2	· 입장: 사회가 어떻게 바뀌었는지 보는 유일한 방법이다. 　　(only way to truly see how societies have changed) · 근거: 영화나 책의 정보는 한번 출간되면 바뀌지 않는다. 　　(information cannot be changed once it is published) · 예시: 간접 정보의 범위를 넘어서는 깊이를 더한다. 　　(layer of depth that is beyond the range of information in books/movies)

VOCAB 잘못 전하다 misrepresent　자산 asset　출간하다, 발행하다 publish　수집하다 collect　뛰어넘는, ~를 넘어서 beyond
대체하다 replace　실제 경험 real-life experience

IELTS Writing Answer Sheet — TASK 2

SELF-CHECK LIST | Actual Test 18

이번 테스트는 어땠나요?
다음 체크 리스트로 자신의 테스트 진행 내용을 점검해 볼까요?

TASK 1

· 차트를 소개할 때 문제를 옮겨 쓰지 않고 동의어를 활용했는가?	☐ Yes	☐ No
· 본론에 두 개 이상의 항목/정보들을 비교 또는 대조했는가?	☐ Yes	☐ No
· 제시된 수치/정보들을 적절한 곳에 포함하며 특징을 요약했는가?	☐ Yes	☐ No
· 차트/그림 전반의 경향을 담고 있는 문장을 답안에 제시했는가?	☐ Yes	☐ No
· 적절하고 다양한 전환 어구들을 사용해서 문단을 구성했는가?	☐ Yes	☐ No
· 글을 완성한 후, 눈에 띄는 문법 실수를 수정했는가?	☐ Yes	☐ No
· 정해진 글자 수(최소 150단어)를 채웠는가?	☐ Yes	☐ No

TASK 2

· 서론을 시작하면서 문제의 핵심단어를 포함했는가?	☐ Yes	☐ No
· 서론을 마무리하면서 글의 방향을 제시했는가?	☐ Yes	☐ No
· 본론 1 도입부에서 명확한 입장과 근거를 밝혔는가?	☐ Yes	☐ No
· 본론 1의 예시가 입장을 힘있게 뒷받침 했는가?	☐ Yes	☐ No
· 본론 1이 주제에서 벗어나지 않게 마무리되었는가?	☐ Yes	☐ No
· 본론 2 도입부에서 명확한 입장과 근거를 밝혔는가?	☐ Yes	☐ No
· 본론 2의 예시가 입장을 힘있게 뒷받침 했는가?	☐ Yes	☐ No
· 본론 2가 주제에서 벗어나지 않게 마무리되었는가?	☐ Yes	☐ No
· 결론에 본론 두 개에서 논의된 내용을 요약했는가?	☐ Yes	☐ No
· 적절하고 다양한 전환 어구들을 사용해서 글을 전개했는가?	☐ Yes	☐ No
· 글을 완성한 후, 눈에 띄는 문법 실수를 수정했는가?	☐ Yes	☐ No
· 정해진 글자 수(최소 250단어)를 채웠는가?	☐ Yes	☐ No

www.goHackers.com

스타 IELTS 실전 WRITING

Actual Test 19

TASK 1

TASK 2

WRITING TASK 1

You should spend about 20 minutes on this task.

> The charts below show the average temperature and precipitation of Japan.
>
> Summarise the information by selecting and reporting the main features, and make comparisons where relevant.

Write at least 150 words.

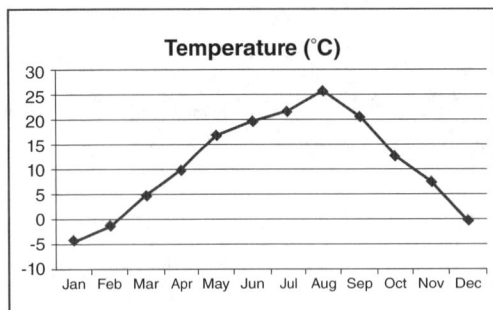

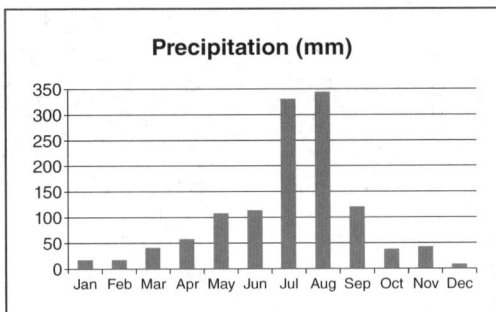

Jen 선생님의 **차트분석**

1. 평균 기온은 1월에 가장 낮고, 8월에 가장 높다. (highest in August)
2. 3월부터 5월까지의 (기온) 변화 속도는 9월부터 11월까지 보인 변화와 비슷하다. (the speed of the change)
3. 막대그래프에 따르면, 대부분의 강수량은 7월과 8월에 생긴다. (most precipitation occurs)

VOCAB 기록하다 record 강수량 precipitation ~ 사이이다 range 상승하다 rise 갑자기 변하는 abrupt 점진적인 gradual

IELTS Writing Answer Sheet — TASK 1

WRITING TASK 2

You should spend about 40 minutes on this task.

Write about the following topic.

> **The media promotes ideal images of male and female beauty.**
>
> **What are the problems associated with this and how can this problem be solved?**

Give reasons for your answer and include any relevant examples from your own knowledge or experience.

Write at least 250 words.

Jen 선생님의 **답안 구조 잡기**

- **논지**
  - 사람들의 삶에 부정적인 영향을 끼치는 것이 문제이고, 대중 매체가 외모에 대한 포괄적인 관점을 가져야 한다.

- **본론 1**
  - 입장: 문제점 = 사람들의 삶의 질에 부정적으로 영향을 미친다.
    (negatively affect people's quality of life)
  - 근거: 여성은 아름다워야 하고, 남성들은 강해야 한다고 생각된다.
    (women = beautiful, men = tough & strong)
  - 예시: 배우자 선택이나 직업적 성공에 영향을 받는다.
    (less likely to find a spouse or professional success)

- **본론 2**
  - 입장: 해결책 = 다양한 외모들이 매체에 보여야 한다.
    (a variety of appearances should be shown in the media)
  - 근거: 이상적인 외모를 얻기 위한 부담을 없애야 한다.
    (eliminate pressure to achieve an ideal appearance)
  - 예시: 이 현상 때문에 생기는 식이 장애와 우울증이 줄었다.
    (prevalence of eating disorders & depression ↓)

VOCAB 압박 pressure   배제하다, 제외하다 exclude   박해, 괴롭힘 persecution   배우자 spouse   상당한 profound
제거하다 eliminate   사회적 성공 social success

IELTS Writing Answer Sheet — TASK 2

SELF-CHECK LIST | Actual Test 19

이번 테스트는 어땠나요?
다음 체크 리스트로 자신의 테스트 진행 내용을 점검해 볼까요?

TASK 1

- 차트를 소개할 때 문제를 옮겨 쓰지 않고 동의어를 활용했는가? ☐ Yes ☐ No
- 본론에 두 개 이상의 항목/정보들을 비교 또는 대조했는가? ☐ Yes ☐ No
- 제시된 수치/정보들을 적절한 곳에 포함하며 특징을 요약했는가? ☐ Yes ☐ No
- 차트/그림 전반의 경향을 담고 있는 문장을 답안에 제시했는가? ☐ Yes ☐ No
- 적절하고 다양한 전환 어구들을 사용해서 문단을 구성했는가? ☐ Yes ☐ No
- 글을 완성한 후, 눈에 띄는 문법 실수를 수정했는가? ☐ Yes ☐ No
- 정해진 글자 수(최소 150단어)를 채웠는가? ☐ Yes ☐ No

TASK 2

- 서론을 시작하면서 문제의 핵심단어를 포함했는가? ☐ Yes ☐ No
- 서론을 마무리하면서 글의 방향을 제시했는가? ☐ Yes ☐ No
- 본론 1 도입부에서 명확한 입장과 근거를 밝혔는가? ☐ Yes ☐ No
- 본론 1의 예시가 입장을 힘있게 뒷받침 했는가? ☐ Yes ☐ No
- 본론 1이 주제에서 벗어나지 않게 마무리되었는가? ☐ Yes ☐ No
- 본론 2 도입부에서 명확한 입장과 근거를 밝혔는가? ☐ Yes ☐ No
- 본론 2의 예시가 입장을 힘있게 뒷받침 했는가? ☐ Yes ☐ No
- 본론 2가 주제에서 벗어나지 않게 마무리되었는가? ☐ Yes ☐ No
- 결론에 본론 두 개에서 논의된 내용을 요약했는가? ☐ Yes ☐ No
- 적절하고 다양한 전환 어구들을 사용해서 글을 전개했는가? ☐ Yes ☐ No
- 글을 완성한 후, 눈에 띄는 문법 실수를 수정했는가? ☐ Yes ☐ No
- 정해진 글자 수(최소 250단어)를 채웠는가? ☐ Yes ☐ No

www.goHackers.com

스타 IELTS 실전 WRITING

Actual Test 20

TASK 1

TASK 2

WRITING TASK 1

You should spend about 20 minutes on this task.

The chart below shows the sales of music albums in Spain between 1980 and 2010.

Summarise the information by selecting and reporting the main features, and make comparisons where relevant.

Write at least 150 words.

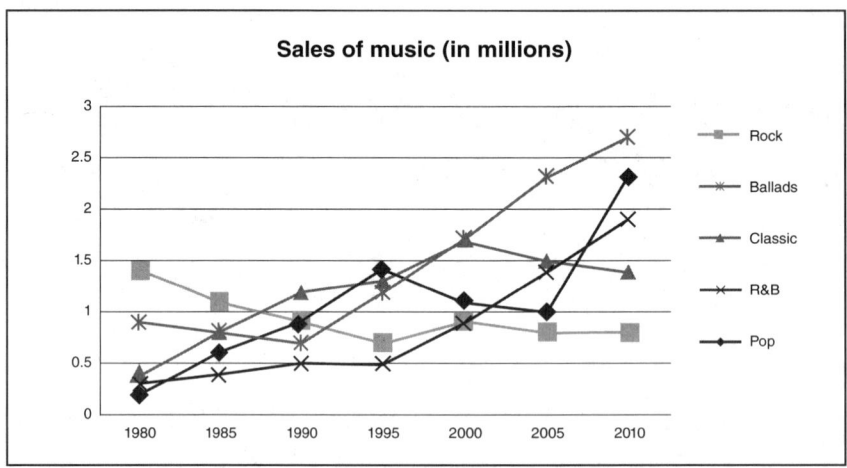

Jen 선생님의 차트분석

1. 1980년에 classic, R&B, 그리고 pop이 세 개의 가장 인기 없는 장르들이었다. (the three least popular genres)
2. rock과 ballad 판매는 다른 장르들보다 각각 대략 세 배 그리고 두 배 더 높았다. (were roughly three and two times higher than)
3. 대부분의 장르는 판매에 있어서 증가를 보였지만, rock 음악의 판매는 꾸준히 하락했다. (showed increases in sales)

VOCAB 장르 genre 특징 characteristic 인기 있는 popular 정도 extent 두드러진 noticeable 극적으로 dramatically
합이 ~가 되다 total

IELTS Writing Answer Sheet — TASK 1

WRITING TASK 2

You should spend about 40 minutes on this task.

Write about the following topic.

> **Learning from other people's work can have advantages (by copying other people's thoughts), but too much copying can lead to plagiarism.**
>
> **Discuss both these views and give your own opinion.**

Give reasons for your answer and include any relevant examples from your own knowledge or experience.

Write at least 250 words.

Jen 선생님의 **답안 구조 잡기**

논지	· 다른 사람의 성과를 모방하는 것은 사회에 긍정적이기도 하고 부정적이기도 한 영향을 끼친다.
본론 1	· 입장: 성공적인 결과가 더 있을 법하다. 　　(successful outcome will be more likely) · 근거: 다양한 연구 방법들을 통해 더 나은 결과를 얻어낸다. 　　(trying various research methods = more successful outcome) · 예시: 의약품의 향상을 위해 최초 창안자의 기본 조제법을 모방한다. 　　(copy the work of the original inventor's basic formula)
본론 2	· 입장: 부정적인 결과도 있다는 입장도 있다. 　　(negative consequences) · 근거: 창작물이 도용되는 것으로부터 보호하기 어렵다. 　　(difficult to protect new inventions from being stolen) · 예시: 창작물을 특허로 보호하지 않으면 벌금이나 소송에 이를 수 있다. 　　(protect inventions from competitors with a patent)

VOCAB 논쟁을 불러일으키는 contentious　결과 outcome　결과 consequence　허가, 승인 permission　경쟁업체 competitor　특허 patent

IELTS Writing Answer Sheet — TASK 2

SELF-CHECK LIST | Actual Test 20

이번 테스트는 어땠나요?
다음 체크 리스트로 자신의 테스트 진행 내용을 점검해 볼까요?

TASK 1

· 차트를 소개할 때 문제를 옮겨 쓰지 않고 동의어를 활용했는가?	☐ Yes	☐ No
· 본론에 두 개 이상의 항목/정보들을 비교 또는 대조했는가?	☐ Yes	☐ No
· 제시된 수치/정보들을 적절한 곳에 포함하며 특징을 요약했는가?	☐ Yes	☐ No
· 차트/그림 전반의 경향을 담고 있는 문장을 답안에 제시했는가?	☐ Yes	☐ No
· 적절하고 다양한 전환 어구들을 사용해서 문단을 구성했는가?	☐ Yes	☐ No
· 글을 완성한 후, 눈에 띄는 문법 실수를 수정했는가?	☐ Yes	☐ No
· 정해진 글자 수(최소 150단어)를 채웠는가?	☐ Yes	☐ No

TASK 2

· 서론을 시작하면서 문제의 핵심단어를 포함했는가?	☐ Yes	☐ No
· 서론을 마무리하면서 글의 방향을 제시했는가?	☐ Yes	☐ No
· 본론 1 도입부에서 명확한 입장과 근거를 밝혔는가?	☐ Yes	☐ No
· 본론 1의 예시가 입장을 힘있게 뒷받침 했는가?	☐ Yes	☐ No
· 본론 1이 주제에서 벗어나지 않게 마무리되었는가?	☐ Yes	☐ No
· 본론 2 도입부에서 명확한 입장과 근거를 밝혔는가?	☐ Yes	☐ No
· 본론 2의 예시가 입장을 힘있게 뒷받침 했는가?	☐ Yes	☐ No
· 본론 2가 주제에서 벗어나지 않게 마무리되었는가?	☐ Yes	☐ No
· 결론에 본론 두 개에서 논의된 내용을 요약했는가?	☐ Yes	☐ No
· 적절하고 다양한 전환 어구들을 사용해서 글을 전개했는가?	☐ Yes	☐ No
· 글을 완성한 후, 눈에 띄는 문법 실수를 수정했는가?	☐ Yes	☐ No
· 정해진 글자 수(최소 250단어)를 채웠는가?	☐ Yes	☐ No

IELTS 최신 경향 100% 반영

스타 IELTS 실전 WRITING
ACADEMIC MODULE

초판 10쇄 발행 2024년 11월 18일
초판 1쇄 발행 2017년 4월 18일

지은이	JungEun Jen Park
펴낸곳	(주)챔프스터디
펴낸이	챔프스터디 출판팀
주소	서울특별시 서초구 강남대로61길 23 (주)챔프스터디
고객센터	02-537-5000
교재 관련 문의	publishing@hackers.com
동영상강의	HackersIngang.com
ISBN	978-89-6965-090-0 (13740)
Serial Number	01-10-01

저작권자 ⓒ 2017, JungEun Jen Park
이 책의 모든 내용, 이미지, 디자인, 편집 형태는 저작권법에 의해 보호받고 있습니다.
서면에 의한 저자와 출판사의 허락 없이 내용의 일부 혹은 전부를 인용, 발췌하거나 복제, 배포할 수 없습니다.

**전세계 유학정보의 중심,
고우해커스(goHackers.com)**
고우해커스

- IELTS 라이팅/스피킹 무료 첨삭 게시판
- IELTS 리딩/리스닝 실전문제 등 다양한 IELTS 무료 학습 콘텐츠
- IELTS Q&A 게시판 및 영국유학 Q&A 게시판

**외국어인강 1위,
해커스인강(HackersIngang.com)**
해커스인강

- IELTS 스타강사인 저자의 본 교재 인강

[외국어인강 1위] 헤럴드 선정 2018년 대학생 선호브랜드 대상 '대학생이 선정한 외국어인강' 부문 1위

두려움은 언제나
무지에서 샘솟는다 - 에머슨

스타 IELTS 실전 WRITING
ACADEMIC MODULE
해설집

IELTS 라이팅/스피킹 무료 첨삭 게시판 · IELTS 공부전략 무료 강의 · 무료 IELTS 자료게시판
고우해커스 goHackers.com

IELTS 인강
해커스인강 HackersIngang.com

해커스 인강

스타 IELTS 실전 WRITING

ACADEMIC MODULE

해설집

해커스인강

IELTS 최신 경향 100% 반영

스타 IELTS 실전 WRITING
ACADEMIC MODULE
해설집

지은이	JungEun Jen Park
펴낸곳	(주)챔프스터디
펴낸이	챔프스터디 출판팀
주소	서울특별시 서초구 강남대로 61길 23 (주)챔프스터디
고객센터	02-566-0001
교재 관련 문의	publishing@hackers.com
동영상강의	HackersIngang.com
ISBN	978-89-6965-090-0 (13740)

저작권자 ⓒ 2017, JungEun Jen Park
이 책의 모든 내용, 이미지, 디자인, 편집 형태는 저작권법에 의해 보호받고 있습니다. 서면에 의한 저자와 출판사의 허락 없이 내용의 일부 혹은 전부를 인용, 발췌하거나 복제, 배포할 수 없습니다.

전세계 유학정보의 중심,
고우해커스
goHackers.com

IELTS 라이팅/스피킹 무료 첨삭 게시판
IELTS 리딩/리스닝 실전문제 등 다양한 IELTS 무료 학습 컨텐츠
IELTS Q&A 게시판 및 영국유학 Q&A 게시판

대한민국 동영상강의의 중심,
해커스인강
HackersIngang.com

IELTS 스타강사인 저자의 본 교재 인강

스타 IELTS 실전 WRITING
CONTENTS

Actual Test 01	199
Actual Test 02	205
Actual Test 03	211
Actual Test 04	217
Actual Test 05	223
Actual Test 06	229
Actual Test 07	235
Actual Test 08	241
Actual Test 09	247
Actual Test 10	253
Actual Test 11	259
Actual Test 12	265
Actual Test 13	271
Actual Test 14	277
Actual Test 15	283
Actual Test 16	289
Actual Test 17	295
Actual Test 18	301
Actual Test 19	307
Actual Test 20	313

www.goHackers.com

스타 IELTS 실전 WRITING

Actual Test 01

TASK 1
모범 답안·해석

TASK 2
모범 답안·해석

TASK 1 세 대륙의 식자율

■ Question

You should spend about 20 minutes on this task. 이 문제에는 약 20분을 소비해야 한다.

The chart below shows the literacy rates of three different continents between 1930 and 2000.

Summarise the information by selecting and reporting the main features, and make comparisons where relevant.

아래의 차트는 1930년과 2000년 사이 세 개의 다른 대륙들의 식자율을 보여준다.
주요 특징들을 선택하고 보고함으로써 정보를 요약하고, 관련 있는 곳에 비교를 하시오.

Write at least 150 words. 최소 150단어를 쓰시오.

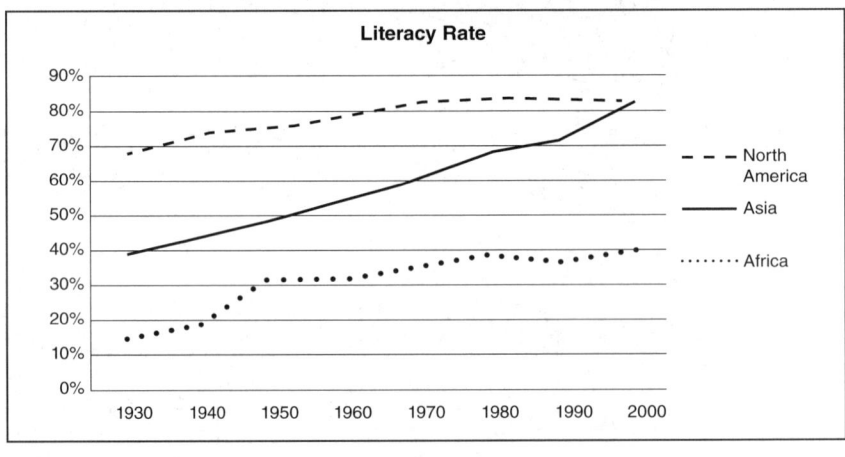

■ 모범 답안

차트 소개	**The chart shows** the literacy rates in North America, Asia, and Africa between 1930 and 2000.
본론 1	**At the beginning of the period,** North America had the highest literacy rate among all the continents. **The figure was** less than 70%. **In contrast**, the literacy rates in Asia and Africa were 39% and 16%, respectively. **After this time**, the literacy rate in Asia continued increasing at about the same rate, but the literacy rate in Africa increased rapidly between 1940 and 1950. **These figures were** 50% and 30% in 1950, **respectively**.
본론 2	**Between** 1950 **and** 1980, growth in the literacy rate was slow in Africa and North America. **During this time**, these figures increased to 39% and 84%, respectively. **However**, there was an interesting change after 1990. Growth in the literacy rate

	in Asia accelerated while literacy in North America fell slightly. **As a result**, both of these figures recorded a value of 82% in 2000. **On the other hand**, the literacy rate in Africa stabilized at approximately 40%.
전체 경향	**Overall, it is seen that** Asia experienced the fastest and most stable growth pattern between 1930 and 2000. **Meanwhile**, literacy in Africa increased gradually while literacy in North America experienced the smallest increase.

해석   이 차트는 1930년과 2000년 사이의 북아메리카, 아시아, 그리고 아프리카의 식자율을 보여준다.

기간의 초기에, 북아메리카가 모든 대륙들 중 가장 높은 식자율을 가졌다. 그 수치는 70% 미만이었다. 대조적으로, 아시아와 아프리카의 식자율은 각각 39%와 16%였다. 이 시점 이후에, 아시아의 식자율은 대략 같은 속도로 계속 증가했지만, 아프리카의 식자율은 1940년과 1950년 사이에 급격히 증가했다. 이 수치들은 1950년에 각각 50%와 30%였다.

1950년과 1980년 사이에, 아프리카와 북아메리카의 식자율 증가는 느렸다. 이 기간 동안, 이 수치들은 각각 39%와 84%까지로 증가했다. 그러나, 1990년 이후에는 흥미로운 변화가 있었다. 북아메리카의 식자율은 약간 감소했던 반면 아시아 식자율의 증가는 빨라졌다. 그 결과, 2000년도에 이 수치들 둘 다 82%의 값을 기록했다. 반면에, 아프리카의 식자율은 약 40%에서 안정되었다.

전반적으로, 1930년과 2000년 사이에 아시아가 가장 빠르고 가장 안정적인 성장 패턴을 겪었다는 것이 보여진다. 그 동안에, 북아메리카의 식자율은 가장 적은 증가를 겪은 반면 아프리카의 식자율은 서서히 증가했다.

어휘   **literacy rate** 식자율   **continent** 대륙   **respectively** 각각   **continue ~ing** 계속 ~하다   **rapidly** 급격히   **growth** 증가, 성장
       accelerate 빨라지다   **stabilize** 안정되다   **experience** 겪다   **stable** 안정적인   **meanwhile** 그 동안에

Jen 선생님이 알려주는 점수보장 TIP

<비교/대조하는 문장 쓰기>

두 개 또는 세 개의 항목을 비교하거나 대조하지 않고 차트에 나와있는 사실들만 단순 나열한다면, 요구하는 글자 수를 충족시켰고 문법 실수가 적다 하더라도 고득점이 나오지 않습니다. 다음 예문에서처럼, 두 개 이상의 항목끼리 비교하고 대조하는 연습을 해보세요.

Ex 1) At the beginning of the period, all three continents recorded their lowest figures, and there were large gaps between each rate, with Africa's rate at 15% and North America's rate at roughly 70%.   기간 초반에, 세 대륙 모두 가장 낮은 수치를 기록했고, 아프리카의 비율이 15%, 북미의 비율이 약 70%인 상태에서, 각각의 비율 사이에 큰 차이가 있었다.

Ex 2) Between 1930 and 1950, all three figures similarly increased, ranging from approximately 30% in Africa to 77% in North America.   1930년과 1950년 사이에, 아프리카에서 약 30%와 북미의 77% 사이에서, 세 수치 모두 비슷하게 증가했다.

Ex 3) In 2000, Asia's literacy rate was equal to North America's. Both continents' literacy rates remained stable at about 82%, but Africa's literacy rate stagnated at 40%.   2000년에는, 아시아의 식자율이 북아메리카의 식자율과 동등했다. 두 대륙의 식자율은 모두 약 82%에 꾸준히 머물렀지만, 아프리카의 식자율은 40%에 멈추었다.

TASK 2 대학생이 시간제 직업을 가지는 것

Question

You should spend about 40 minutes on this task. 이 문제에는 약 40분을 소비해야 한다.

Write about the following topic. 다음 주제에 대하여 글을 쓰시오.

> **Some people assert that it is good for college students to have part-time jobs.**
> **To what extent do you agree or disagree?**
>
> 몇몇 사람들은 대학생들이 시간제 직업을 가지는 것이 좋다고 주장한다.
> 당신은 어느 정도까지 동의 또는 동의하지 않는가?

Give reasons for your answer and include any relevant examples from your own knowledge or experience. 당신의 답안에 대한 이유를 제시하고, 당신의 지식 또는 경험에 근거한 관련 예시를 포함하시오.

Write at least 250 words. 최소 250단어를 쓰시오.

모범 답안

서론	**Some people believe that** working while attending school should be widely encouraged. **They claim that** students should embrace the opportunity to work in order to become more responsible adults. **I support this idea because** it gives students many long-term advantages in life.
본론 1	**Firstly**, students who hold jobs gain many useful experiences that help them throughout their lives. **It is commonly known that** working students learn ways to organize a busy schedule and efficiently use their time. **For example**, students who work a part-time job will have less time than unemployed students to do academic activities like studying and homework, so they will have to learn how to divide their work and study time more efficiently and execute their scheduled tasks in accordance with fixed deadlines. Although these habits can be hard to maintain, they will help working students prioritize their activities and develop lifelong time management skills. **Therefore**, even though it can be difficult to have a part-time job as a student, **it is clear that** this will lead to responsible behavior and useful habits.
본론 2	**Secondly**, when students earn their own money, they can learn how to manage a budget responsibly. Students who have jobs usually work **because** they need tuition money and spending money, or need to help their family financially. **In any case**, students need to use the money they have responsibly. **For example**, when students work hard and learn the value of money, they are much more likely to continue good spending habits into adulthood. **Therefore**, despite the pressure and hardship that the reasons for having a part-time job may cause, it teaches students life lessons that far outweigh any disadvantages.

| 결론 | **To sum up, it is evident that** working in college is difficult, but it can provide students with useful skills later in life. **For this reason,** having a part-time job as a student seems like a good decision. |

해석 몇몇 사람들은 학교에 다니는 동안 일하는 것이 널리 장려되어야 한다고 생각한다. 그들은 학생들이 더 책임감 있는 성인이 되기 위해서는 일할 기회를 기꺼이 받아들여야 한다고 주장한다. 그것은 학생들에게 인생에서 많은 장기적 이점들을 주기 때문에 나는 이 입장을 지지한다.

첫째로, 직업을 가지고 있는 학생들은 평생 그들을 돕는 많은 유용한 경험들을 얻는다. 일하는 학생들은 바쁜 일정을 편성하고, 그들의 시간을 효율적으로 사용하는 방법들을 배운다고 흔히 알려져 있다. 예를 들어, 아르바이트를 하는 학생들은 공부나 숙제 같은 학업 활동을 할 수 있는 시간이 고용되지 않은 학생들보다 적을 것이어서, 그들은 일과 공부 시간을 더 효율적으로 나누고 정해진 마감일에 맞춰 계획된 과제를 수행하는 방법을 배워야만 할 것이다. 비록 이러한 습관들을 유지하는 것이 어려울 수 있지만, 그것들(습관들)은 일하는 학생들이 그들의 활동의 우선순위를 정하고 평생 동안의 시간 관리 능력을 발달시키도록 도울 것이다. 따라서, 학생으로서 시간제 직업을 가지는 것이 어려울 수 있지만, 이것이 책임감 있는 행동과 유용한 습관을 초래할 것임은 분명하다.

둘째로, 학생들이 그들 자신의 돈을 벌 때, 그들은 책임감 있게 예산을 관리하는 방법을 배울 수 있다. 직업이 있는 학생들은 보통 그들이 학비와 용돈이 필요하거나 그들의 가족을 재정적으로 도와야 하기 때문에 일을 한다. 어떤 경우이든, 학생들은 그들이 가진 돈을 책임감 있게 사용할 필요가 있다. 예를 들면, 학생들이 열심히 일하고 돈의 가치를 배울 때, 그들은 성인기로까지 좋은 소비습관을 계속 유지할 가능성이 훨씬 더 높을 것이다. 따라서, 시간제 직업을 가지는 이유가 야기할 수 있는 부담감과 힘듦에도 불구하고, 그것은 학생들에게 어느 단점들보다 더 큰 삶의 교훈들을 가르친다.

요약하자면, 대학 때 일하는 것이 힘들다는 것은 명백하지만, 그것은 학생들에게 나중의 삶에서 유용한 역량들을 제공한다. 이러한 이유로, 학생으로써 시간제 직업을 가지는 것은 좋은 결심인 듯하다.

어휘   **attend school** 학교에 다니다   **embrace** 기꺼이 받아들이다   **long-term** 장기적인   **organize** 편성하다, 구성하다   **efficiently** 효율적으로   **handle** 다루다   **prioritize** 우선순위를 매기다   **worth** ~만큼의 가치가 있는   **budget** 예산을 짜다   **financially** 재정적으로   **adulthood** 성인기   **hardship** 힘듦   **life lesson** 삶의 교훈   **skill** 역량, 수완

Jen 선생님이 알려주는 점수보장 TIP

<전략적으로 답안 작성하기>

최대한 빠른 기간 안에 안정권의 점수대(6.5-7.5점)에 도달하기 위해서는 전략적인 답안 작성법을 준비해야 합니다. 문단 구성을 할 때, 본론을 두 개만 계획하는 것이 대표적인 답안 작성 전략입니다. 여러분이 가지고 있는 아이디어가 아무리 많아도, 본론을 세 개로 구성하거나 하나의 문단에 너무 많은 내용을 설명하려는 의도는 이상적이긴 하지만, 35~40분의 제한 시간 동안 글을 완성해야 하는 상황에서는 전략적이라고 보기가 힘들지요.

답안 구성에 있어서도 전략이 필요합니다. 예를 들어, **Agree/Disagree** 문제 유형의 경우, 입장을 동의하거나 또는 반대하는 쪽으로 정한 후, 본론 두 개를 한쪽의 의견으로만 구성하는 것이 좋지만, 아이디어가 많이 떠오르지 않는 주제를 제시받았을 때는 입장을 부분적으로 동의 **(partially agree)**하는 쪽으로 정한 후, 본론 두 개를 상반되는 의견으로 구성하는 것이 답안작성을 수월하게 하는 전략입니다. 모범답안을 충분히 학습한 후, 스스로 써본 답안을 첨삭 받으면서 자신만의 시험 전략을 세워야 합니다.

www.goHackers.com

스타 IELTS 실전 WRITING

Actual Test 02

TASK 1
모범 답안·해석

TASK 2
모범 답안·해석

TASK 1 육류 소비

Question

You should spend about 20 minutes on this task. 이 문제에는 약 20분을 소비해야 한다.

The graph below shows the consumption of meat in Spain between 2001 and 2011.

Summarise the information by selecting and reporting the main features, and make comparisons where relevant.

아래 그래프는 2001년과 2011년 사이 스페인에서의 육류 소비를 보여준다.
주요 특징들을 선택하고 보고함으로써 정보를 요약하고, 관련 있는 곳에 비교를 하시오.

Write at least 150 words. 최소 150단어를 쓰시오.

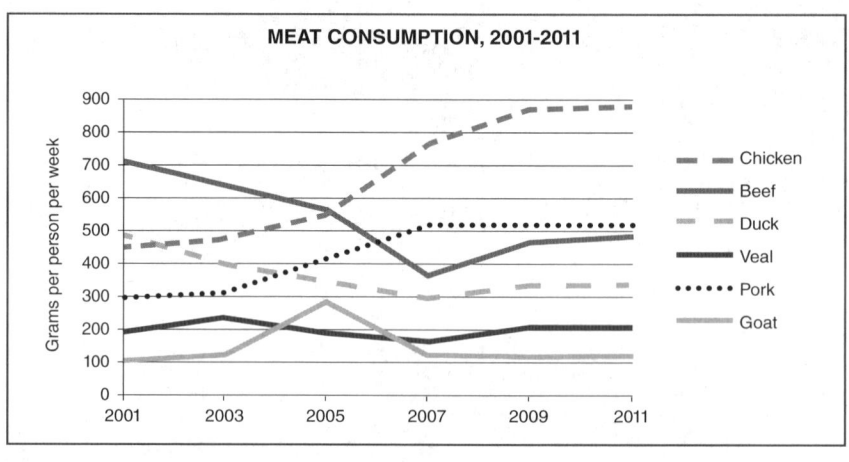

모범 답안

차트 소개	**The chart gives information concerning** the consumption of six different meats between 2001 and 2011.
본론 1	**At the beginning of the period**, beef was the most popular meat. The initial amount consumed was more than 700 grams per person per week. **However**, between 2001 and 2007, this figure declined to less than 400 grams. Duck consumption was the only other figure that declined in a similar way **during this time**. **This figure** fell from 500 grams to 300 grams per person per week.
본론 2	**On the other hand**, pork and chicken consumption increased in a similar way between 2001 and 2007. Pork consumption increased from 300 grams to 500 grams, and chicken consumption increased from 450 grams to 700 grams per person per week. This trend did not continue after 2007. **After** 2007, chicken consumption

	increased to 900 grams, but pork consumption remained stable. **Lastly**, consumption of goat and veal showed relatively stable trends over the period. The consumption of these meats was 100 grams and 200 grams per person per week, respectively. **However, it is noteworthy that** goat consumption briefly increased to approximately 280 grams in 2005.
전체 경향	**Overall, it is clear that** chicken and pork were the two meats that showed the most notable increases in consumption, and beef and duck consumption notably declined **throughout the period**.

해석 이 차트는 2001년과 2011년 사이 여섯 가지 다른 육류의 소비량에 관한 정보를 제시한다.

기간의 초기에는, 소고기가 가장 인기 있는 육류였다. 소비된 초기의 양은 주마다 일인당 700그램 이상이었다. 그러나, 2001년과 2007년 사이에는, 이 수치가 400그램 이하로 하락했다. 오리고기 소비는 이 기간 동안 비슷하게 감소했던 유일한 다른 수치였다. 이 수치는 주마다 일 인당 500그램에서부터 300그램까지로 감소했다.

다른 한편으로, 2001년과 2007년 사이 돼지고기와 닭고기 소비량은 비슷한 방식으로 증가했다. 돼지고기 소비량은 300그램에서부터 500그램까지로 증가했고, 닭고기 소비량은 주마다 일 인당 450그램에서부터 700그램까지로 증가했다. 이 추세는 2007년 이후에는 계속되지 않았다. 2007년 이후, 닭고기의 소비량은 900그램까지로 증가했지만, 돼지고기 소비량은 변함없이 안정된 상태였다. 마지막으로, 염소고기와 송아지 고기의 소비량은 전 기간 동안 비교적 안정적인 경향을 보여주었다. 이 육류들의 소비량은 주마다 일 인당 각각 100그램과 200그램이었다. 그러나, 2005년에 염소고기 소비량이 약 280그램까지 일시적으로 증가했다는 것은 주목할 만하다.

전반적으로, 닭고기와 돼지고기가 가장 주목할 만한 소비 증가를 보여준 두 가지 육류인 것이 명백하고, 소고기와 오리고기의 소비량은 전 기간 동안 눈에 띄게 감소했다.

어휘 consumption 소비량 initial 초기의 trend 경향 continue 계속되다 veal 송아지 고기 relatively 비교적 briefly 일시적으로

Jen 선생님이 알려주는 점수보장 TIP

<해설지 활용하기>

영어로 글을 써본 경험이 많지 않거나, 첨삭을 받았을 때 어색한 문장이 자주 등장한다면, 너무 자유롭게 문제만 많이 풀어보는 것은 효율적인 학습방법이 아닙니다. 오히려 교재 내 답안지에 글을 쓰기 전, 해설지의 모범답안을 빠르게 읽어 내려가며 눈에 띄는 유용한 표현과 답안 구성 방식을 참고하면 좀 더 완성도 있는 답안 작성능력을 기를 수 있습니다. 시작부터 스스로 다 쓰기보다는 모범답안의 좋은 부분을 이용해서 좀 더 전략적으로 학습하는 것을 추천합니다.

TASK 2 미술 수업의 고등교육 의무화

Question

You should spend about 40 minutes on this task. 이 문제에는 약 40분을 소비해야 한다.

Write about the following topic. 다음 주제에 대하여 글을 쓰시오.

> **Art should be a compulsory class for high school students.**
> **To what extent do you agree or disagree?**
>
> 미술은 고등학교 학생들에게 의무 수업이어야 한다.
> 당신은 어느 정도까지 동의 또는 동의하지 않는가?

Give reasons for your answer and include any relevant examples from your own knowledge or experience. 당신의 답안에 대한 이유를 제시하고, 당신의 지식 또는 경험에 근거한 관련 예시를 포함하시오.

Write at least 250 words. 최소 250단어를 쓰시오.

모범 답안

서론	**As** the value of art classes in high school **has been acknowledged by educational experts in modern society, many people believe that** art should be a compulsory class. **I support this idea because** art classes help high school students to develop skills that academic subjects do not.
본론 1	**Firstly**, art classes should be required in high school **because** they allow students to express their emotions indirectly. Artistic activities are uniquely useful since they help students to show their emotions to others indirectly through methods that cannot be communicated verbally. **For example**, many students can draw pictures that reveal their emotional connections with their friends, family members, and school life even if they cannot discuss these issues more directly through their words. **In contrast**, there is no opportunity for students to appropriately express their emotions in academic classes, so art classes offer students a beneficial alternative to academic subjects. **Therefore, it is clear that** the high school curriculum should include art classes as a basic requirement because students need to have an indirect way to express their emotions through artistic activities like drawing.
본론 2	**Moreover**, art classes should be mandatory **because** they provide students with a chance to discover non-academic talents. Since students spend most of their time at school learning traditional subjects like math and science, students who have artistic talent may not have a chance to discover this ability. **In this respect**, making art classes compulsory will ensure that students receive a well-rounded education by encouraging them to continually find and develop handicraft skills such as painting and sculpting which can become helpful to them in the future. **Therefore**, even if

	students do not have artistic talent, participating in art classes in high school should be required because all students need to develop a broad understanding of non-academic skills.
결론	**To sum up, it is undeniable that** art classes should be included in the high school curriculum **because** they allow students to express their emotions indirectly and find their non-academic talents.

해석 현대사회에서 고등학교 미술 수업의 가치가 교육 전문가들에 의해 인식되면서, 많은 사람들이 미술이 의무 수업이어야 한다고 생각한다. 미술 수업은 학과목들이 발달시키지 않는 능력들을 고등학생들로 하여금 발달시키도록 돕기 때문에 나는 이 입장을 지지한다.

첫째로, 미술 수업은 학생들이 그들의 감정을 간접적으로 표현하게 하기 때문에 고등학교에서 필요하다. 예술 활동은 학생들이 말로 소통할 수 없는 방법을 통해 다른 사람들에게 간접적으로 감정을 보여줄 수 있도록 도와주기 때문에 특유의 형태로 유용하다. 예를 들어, 많은 학생들은 그들의 말을 통해 이러한 문제들을 더 직접적으로 논의할 수 없다 할지라도 그들의 친구, 가족 구성원, 그리고 학교 생활 관련 감정적인 관계를 드러내는 그림을 그릴 수 있다. 대조적으로, 학생들은 학문적 수업에서 그들의 감정을 적절하게 표현할 기회가 없기 때문에 미술 수업은 학생들에게 학업 과목에 대한 유익한 대안을 제공한다. 그러므로, 학생들은 그림 같은 예술 활동을 통해 그들의 감정을 표현하는 간접적인 방법이 필요하기 때문에 고등학교 교과과정은 미술 수업을 기본 요건으로 포함해야 한다는 것은 분명하다.

게다가, 미술 수업은 학생들에게 비학문적 재능을 발견할 기회를 제공하기 때문에 의무이어야 한다. 학교에서 학생들은 수학과 과학 같은 전형적인 학과목들을 배우면서 그들 시간의 대부분을 보내기 때문에, 미적 재능이 있는 학생들은 그 재능을 발견할 기회가 없을 수도 있다. 이러한 점에서, 미술 수업을 의무로 만드는 것은 학생들이 미래에 그들에게 도움이 될 수 있는 그림이나 조각 같은 수공예 기술을 지속적으로 찾고 발전시키도록 격려함으로써 포괄적 교육을 받도록 확실하게 할 것이다. 따라서, 모든 학생들은 비학문적인 능력에 대한 폭넓은 이해를 발달시킬 필요가 있기 때문에 학생들이 미적 재능이 없다 할지라도, 고등학교에서 미술 수업에 참여하는 것은 필수이어야 한다.

요약하자면, 미술 수업은 학생들이 그들의 감정을 간접적으로 표현하게 하고, 그들의 비학문적 재능을 찾게 하므로 미술 수업이 고등학교 교육과정에 포함되어야 한다는 것은 부인할 수 없다.

어휘 acknowledge 인식하다 compulsory 의무의 academic subject 학과목 express 표현하다 offer 제공하다 alternative 대안 curriculum 교육과정 requirement 필요조건 mandatory 의무적인 discover 발견하다 ensure 확실하게 하다 well-rounded 포괄적인 handicraft skills such as painting and sculpting 그림이나 조각 같은 수공예 기술 artistic 미적인 participate in ~에 참여하다 to sum up 요약하자면

Jen 선생님이 알려주는 점수보장 TIP

<전략적이고 간결한 개요짜기>

약 40분의 제한시간 동안 진지하게 글을 작성하는 것은 긴장될 수 있습니다. 따라서 많은 사전 준비가 필요하지요. 전략적으로 안정권의 점수에 도달하기 위해서는, 미술 수업의 의무화 여부를 묻는 문제의 답안에서처럼, '(1) 미술 수업은 감정을 표현하게 해줌', '(2) 미술 수업을 통해 재능을 발견할 수 있음' 같이 간단하고 영어로 표현하기 수월한 쪽으로 개요를 짜야 합니다. 어학원에서 수업과 상담을 하면서 상당수의 학생들이 글의 개요를 너무 어렵게 짜놓고 영어로 표현하는 것을 어려워하는 경우를 자주 보았습니다. 이 교재에 실려있는 답안들처럼 안정권의 점수를 공략하는 모범 답안들을 집중적으로 학습하면서 장황하고 어렵게 글을 작성하는 실수를 방지하고 효율적으로 답안을 구성하는 요령을 터득해야 합니다.

www.goHackers.com

스타 IELTS 실전 WRITING

Actual Test 03

TASK 1
모범 답안·해석

TASK 2
모범 답안·해석

TASK 1 아프리카의 사망률

Question

You should spend about 20 minutes on this task. 이 문제에는 약 20분을 소비해야 한다.

> **The charts below show the mortality rate by age and gender in Africa in 1950, 1980, and 2010.**
>
> **Summarise the information by selecting and reporting the main features, and make comparisons where relevant.**
>
> 아래 차트들은 1950년, 1980년, 그리고 2010년 아프리카에서의 사망률을 연령별 그리고 성별로 보여준다.
> 주요 특징들을 선택하고 보고함으로써 정보를 요약하고, 관련 있는 곳에 비교를 하시오.

Write at least 150 words. 최소 150단어를 쓰시오.

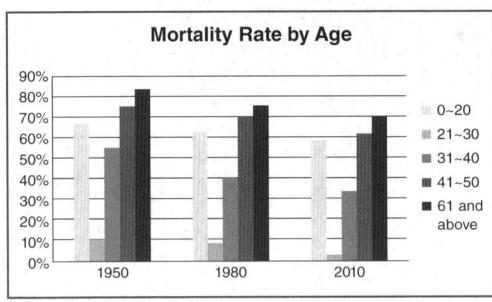
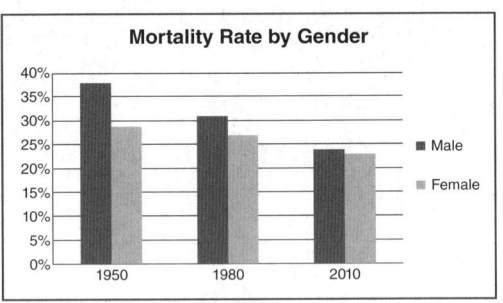

모범 답안

차트 소개	**The two bar graphs show** the likelihood of death in Africa by age and gender in 1950, 1980, and 2010.
본론 1	**One of the first things to note is that** mortality rates decreased as time passed regardless of age. **As the figures clearly show**, the mortality rate was highest among the oldest members of society throughout the period. **In 1950**, there was an 83% chance of death within this age group. **By 2010**, this figure had decreased to 70%. **There was a striking difference between** the mortality rate among adolescents **and** young adults. **Unlike** children, young adults in their 20s were least likely to pass away. **This figure** fell from 10% to 2% during the period. **Also, it is notable that** risk of death increased substantially after a person reached the age of 30.
본론 2	**In regard to** gender, men had a higher mortality rate than women throughout the period. **It is easily observed that** the mortality rate among males fell from 38% to 24% between 1950 and 2010. **Likewise**, the mortality rate among females also declined throughout the period from 29% to 23%. **The data shows that**, although the mortality rate among both men and women declined, the decrease was faster among males.

전체 경향	**Overall, it is clear that** mortality rates declined considerably between 1950 and 2010, but men still had a higher risk of dying than women, and mortality rates among adolescents remained high **throughout the period**.

해석 두 개의 막대 그래프는 1950년, 1980년, 그리고 2010년 아프리카에서의 사망 확률을 연령별 그리고 성별로 보여준다.

보아야 할 첫 번째 것들 중 하나는 나이와 관계없이 사망률은 시간이 지나면서 감소한다는 것이다. 수치들이 명확히 보여주는 것처럼, 기간 내내 사망률은 가장 나이가 많은 사회구성원들 사이에서 가장 높았다. 1950년에 이 연령 그룹 내에서의 사망 가능성은 83%였다. 2010년에 이 수치는 70%로 줄어들었다. 청소년과 젊은이들의 사망률 사이에는 현저한 차이가 있었다. 어린이들과는 달리, 20대 젊은이들의 사망할 확률은 가장 적었다. 이 수치는 조사 기간 동안 10%에서 2%로 떨어졌다. 사람이 30세가 된 후 사망의 위험이 상당히 상승하는 것은 주목할 만하다.

성별 관해서는, 남성들이 여성들보다 기간 내내 더 높은 사망률을 가졌다. 1950년과 2010년 사이에 남성들의 사망률은 38%에서 24%로 떨어졌다는 것은 쉽게 관찰된다. 마찬가지로, 여성들의 사망률 또한 기간 동안 29%에서 23%로 하락했다. 이 자료는 남성과 여성간의 사망률은 모두 하락하였지만, 남성들의 하락세가 더 빠르다는 것을 보여준다.

전반적으로, 1950년과 2010년 사이의 사망률은 상당히 떨어진 것이 명백하지만, 남성들은 여전히 여성들보다 더 높은 사망의 위험을 가지고 있었고, 청소년들 사이에서의 사망률은 기간 내내 높게 남아있었다.

어휘 likelihood 확률 mortality rate 사망률 regardless of ~와 관계없이 striking 현저한 adolescent 청소년 pass away 사망하다
likewise 마찬가지로 decline 하락하다 considerably 상당히

Jen 선생님이 알려주는 점수보장 TIP

<고득점 공략하기 1>

본 교재는 단기 목표점수 공략을 염두에 두고 따라 하기 쉬운 모범 답안을 제시하여 안정권의 점수를 공략하고 있지만, 만점에 더 가까운 점수를 추구하는 경우, 다음과 같이 길고 다양한 문장으로 본론을 구성해야 합니다.

본론 1
It is clear that the mortality rate varied drastically by age group, showing a low of 2% among those in their 20s in 2010 and a high of more than 80% among those 61 and older in 1950. Interestingly, an initial spike in the mortality rate among the society's youngest age group from 0 to 20 years old can be seen throughout the period, with this group exhibiting a rate that is much higher than the subsequent age group. This rate fluctuated between 60% and 70% while the next age group's rate ranged from only 2% to 10%. Also, it is notable that risk of death increased substantially after a person reached the age of 30.

본론 2
Compared to the previous chart, the mortality rate pattern by gender was much simpler. It is clear that males were more likely than females to die throughout the period. However, the mortality rate among males fell from 38% to 24% between 1950 and 2010, and this was a much steeper decline than the one recorded among females, whose rate only fell from 29% to 23%.

해석
사망률은 2010년에 20대 사이에서 2%의 최저점과 1950년에 61세 이상인 이들 사이에서 80%의 최고점을 보여주면서 연령대별로 서로 극적으로 달랐다는 것이 명백하다. 흥미롭게도, 이 그룹이 그다음 연령 그룹보다 훨씬 더 높은 비율을 보여주는 상태에서, 0세부터 20세까지 그 사회의 가장 어린 연령 그룹 사이 사망률의 초기 급상승은 그 기간 내내 보여졌다. 다음 연령대의 비율은 오직 2%에서 10% 사이였던 반면 이 비율은 60%와 70% 사이에서 변동을 거듭했다. 또한, 사람이 30세가 된 후 사망 위험이 상당히 증가했다는 것도 주목할 만하다.

이전 차트에 비교하면, 성별 사망률 패턴은 훨씬 단순했다. 기간 내내 여성보다 남성이 사망할 가능성이 더 높았던 것은 분명하다. 그러나, 1950년과 2010년 사이 남성들 사이의 사망률은 38%에서 24%로 떨어졌고, 이것은 비율이 29%에서 23%로 떨어졌던 여성들 사이의 사망률보다 훨씬 더 가파른 감소였다.

TASK 2 과제물의 필요성

Question

You should spend about 40 minutes on this task. 이 문제에는 약 40분을 소비해야 한다.

Write about the following topic. 다음 주제에 대하여 글을 쓰시오.

> **Some educational experts say that children have to do homework. However, others say that homework does more harm than good.**
>
> **Discuss both views and give your opinion.**
>
> 몇몇 교육 전문가들은 아이들이 과제를 해야만 한다고 말한다. 그러나, 다른 이들은 과제가 이로움보다 해로움을 더 끼친다고 말한다.
> 양쪽의 의견을 논의하고 당신의 의견을 제시하시오.

Give reasons for your answer and include any relevant examples from your own knowledge or experience. 당신의 답안에 대한 이유를 제시하고, 당신의 지식 또는 경험에 근거한 관련 예시를 포함하시오.

Write at least 250 words. 최소 250단어를 쓰시오.

모범 답안

서론	**Some teaching professionals argue that** homework is more harmful than beneficial to children's learning process. **However, many other experts believe that** reducing the amount of homework could have detrimental effects on children **because** students will not learn to be responsible without it. **Discussing this issue is important because** educators should understand how to maximize the effectiveness of homework without relying too heavily on it.
본론 1	**Some people assert that** standardized homework assignments can limit academic performance **because** each student has a different way of learning new information, which could be different than the fixed format of their homework assignments. **For example,** when teaching elementary school students about mathematical principles like addition and subtraction, many of them cannot complete homework problems well by themselves, but after reducing the amount of homework and utilizing group-led, practical counting activities in class, several more students successfully understood these concepts in a fun and easy way. **This shows that** children need various types of guidance that are not limited to only homework assignments. **Therefore, it is clear that** there are some positive effects of alternative methods of education **because** diverse methods such as homework and in-class group activities help students to clearly grasp new concepts.

본론 2	**However,** there is a more traditional view that homework does more than just help children learn material. **It is widely believed that** homework teaches children to manage their time and be responsible from a young age. **For example,** many educational experts in South Korea have pointed out that it is hard for children to learn to be prepared for deadlines without homework because failing to keep a deadline will teach children that being irresponsible about their homework will lead to negative academic consequences such as rejected assignments and poor grades. **Therefore,** many schools rely on homework to teach children about taking responsibility for not only doing their homework but also finishing it within a particular time period.
결론	**Given the evidence stated above, it is clear that** schools need to combine the teaching methods to include both group learning and traditional homework as tools to teach children. **This is because** using both approaches will help children to become well-rounded as they grow up and go on to higher levels of learning.

해석 일부 교사들은 숙제가 아이들의 학습 과정에 도움이 되기보단 더 해롭다고 주장한다. 하지만, 많은 다른 전문가들은 학생들이 숙제 없이 책임지는 것을 배우지 못할 것이기 때문에 과제의 양을 줄이는 것이 아이들에게 해로운 영향을 미칠 수 있다고 생각한다. 교육자들은 숙제에 너무 많이 의존하지 않고 과제의 효과를 극대화하는 방법을 이해해야 하기 때문에 이 문제를 논의하는 것은 중요하다.

각 학생은 새로운 정보를 배우는 다른 방식을 가지고 있기 때문에 몇몇 사람들은 표준화된 숙제가 학업 성적을 제한할 수 있다고 주장하고, 이것은 숙제의 고정된 형식과는 다를 수 있다. 예를 들어, 초등학생들에게 덧셈과 뺄셈 같은 수학 원리를 가르칠 때, 그들 중 많은 학생들이 스스로 숙제 문제를 잘 완성하지 못한다, 그러나 숙제의 양을 줄이고 수업에서 그룹 주도의 실용적인 셈 활동을 활용한 후, 더 많은 학생들이 이러한 개념을 재미있고 쉬운 방법으로 성공적으로 이해했다. 이것은 아이들이 숙제에만 국한되지 않는 다양한 형태의 지도가 필요하다는 것을 보여준다. 따라서, 숙제나 수업 내 그룹 활동 같은 다양한 방법이 학생들이 새로운 개념을 명확하게 파악하는 데 도움이 되기 때문에 교육의 대안적인 방법의 몇몇 긍정적인 효과가 있는 것이 분명하다.

그러나, 숙제가 단순히 아이들이 자료를 배우도록 돕는 것 이상의 역할을 한다는 전형적인 견해가 있다. 숙제는 어린 시절부터 아이들에게 시간을 관리하고 책임을 지도록 가르친다고 널리 알려져 있다. 예를 들어, 마감일을 지키지 못한 것이 아이들에게 숙제에 대해 무책임한 것은 거절된 과제와 나쁜 성적 같은 부정적인 학업 결과를 초래할 것이라고 가르칠 것이기 때문에 한국의 많은 교육 전문가들은 아이들이 숙제 없이 마감일에 대비하는 것을 배우는 것이 어렵다고 지적해 왔다. 따라서, 많은 학교들은 아이들에게 숙제를 하는 것뿐만 아니라 특정 시간 기한 내에 숙제를 끝내는 것에 대한 책임도 가르치기 위해 숙제에 의존한다.

위에 언급된 근거를 고려하면, 학교는 아이들을 가르치기 위한 도구로서 그룹 학습과 전통적인 숙제를 모두 포함시키기 위해 교육 방법을 결합할 필요가 있다는 것은 분명하다. 왜냐하면 두 가지 접근법을 모두 사용하면 아이들이 자라면서 더 높은 수준의 학습으로 나아가면서 다재다능하게 되는 것을 돕기 때문이다.

어휘 learning process 학습 과정 detrimental effect 해로운 영향 fixed format 고정된 형식 elementary school student 초등학생 mathematical principle 수학 원리 addition and subtraction 덧셈 뺄셈 group-led activity 그룹 주도 활동 from a young age 어린 시절부터 deadline 마감일 irresponsible 무책임한 well-rounded 다재다능한

Jen 선생님이 알려주는 점수보장 TIP

<충분히 설명하기 1>

TASK 2에서는 최소 250단어의 답안을 요구하므로, 더 많이 쓰는 것에 대한 감점은 없지만, 250단어 이하의 짧은 답안은 감점을 받습니다. 약 280단어 정도면 시험관을 만족시키고, 만점에 가까운 점수를 받을 수는 있지요. 단, 짧은 분량으로 여러분의 입장을 전달하는 것보다, 이번 [과제물의 필요성] 모범답안처럼 350단어 이상의 분량으로, 전달하고자 하는 입장을 충분히 설명하면 더 설득력 있는 답안이 완성됩니다. 제한 시간 내에 목표점수 공략만을 위한 답안 작성을 계획하는 것이 전략적이지만, 만약 문법 오류가 거의 없는 문장들을 완성할 수 있고, 만점에 가까운 점수를 목표하는 경우, 충분한 설명을 통해 점수를 더 올릴 수 있습니다.

www.goHackers.com

스타 IELTS 실전 WRITING

Actual Test 04

TASK 1
모범 답안·해석

TASK 2
모범 답안·해석

TASK 1 미국인들의 전자기기 사용시간

Question

You should spend about 20 minutes on this task. 이 문제에는 약 20분을 소비해야 한다.

The chart below shows the total number of hours per month from 1980 to 2015 that people in the USA used modern technology divided into four categories.

Summarise the information by selecting and reporting the main features, and make comparisons where relevant.

아래 차트는 미국 사람들이 네 개의 항목으로 분류된 현대 기술을 사용했던 1980년부터 2015년까지의 월별 총 시간을 보여준다.
주요 특징들을 선택하고 보고함으로써 정보를 요약하고, 관련 있는 곳에 비교를 하시오.

Write at least 150 words. 최소 150단어를 쓰시오.

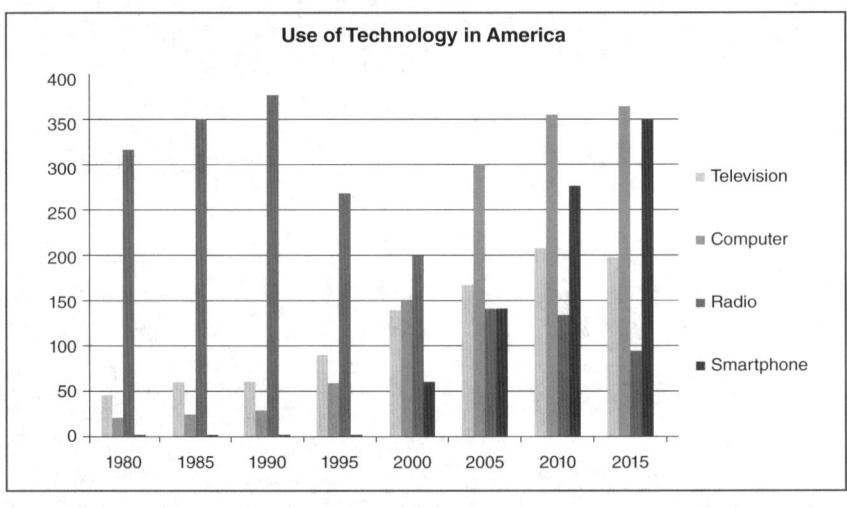

모범 답안

차트 소개	**The bar graph shows** how Americans used several technological devices between 1980 and 2015.
본론 1	Radio use dominated the other three devices **at the beginning of the period**. Radios were used for an average of 380 hours per month in 1990. **In comparison**, the next most used device was the television, but this figure was only about 50 hours per month. **However**, starting in 1995, radio use started to decline, and other forms of technology became more commonly used.

본론 2	**In addition**, computer use skyrocketed between 2000 and 2005 to nearly 300 hours per month. **It is noteworthy that** 2005 marked the first time that radio was not the most used form of technology. Television use increased at a slower rate to a high of 200 hours per month in 2010, but then this figure slightly decreased between 2010 and 2015. **On the other hand**, smartphone use showed the most abrupt increase. **Between** 1995 **and** 2015, this figure increased dramatically from 0 to 350 hours, becoming the second most used form of technology.
전체 경향	**Overall**, radio use declined after 1990 while computer and smartphone use increased radically **throughout** the second half of **the period**.

해석   막대 그래프는 1980년과 2015년 사이에 미국인들이 몇몇 전자기기들을 어떻게 사용했는지 보여준다.

기간의 초기에는 라디오 사용이 다른 세 가지 기기들의 우위를 차지했다. 라디오는 1990년에 매달 평균적으로 380시간 동안 사용되었다. 이와 비교하여, 다음으로 가장 많이 사용된 기기는 텔레비전이었지만, 이 수치는 매달 오직 약 50시간이었다. 그러나, 1995년을 시작으로, 라디오의 사용은 감소하기 시작하였고, 다른 종류들의 기기가 더 흔하게 사용되게 되었다.

게다가, 컴퓨터 사용은 2000년과 2005년 사이에 매달 거의 300시간으로 급상승하였다. 2005년도에 처음으로 라디오가 가장 많이 사용되는 기기 종류가 아니었다는 것을 보여준 것은 주목할 만하다. 텔레비전의 사용은 더딘 속도로 2010년에 매달 200시간까지 증가하였지만, 이 수치는 2010년과 2015년 사이에 약간 감소했다. 다른 한편으로는, 스마트폰의 사용이 가장 갑작스러운 상승을 보여주었다. 1995년과 2015년 사이에, 이 수치는 0에서 350시간까지 극적으로 증가하였고, 두 번째로 가장 많이 쓰이는 기기의 종류가 되었다.

전반적으로, 라디오 사용은 1990년 이후에 감소했던 반면에 컴퓨터와 스마트폰의 사용은 기간의 하반기를 통틀어 급진적으로 증가했다.

어휘   **technological device** 전자기기   **dominate** 우위를 차지하다   **commonly** 흔히   **skyrocket** 급상승하다   **noteworthy** 주목할 만한   **mark** ~임을 보여주다   **abrupt** 갑작스러운   **radically** 급진적으로

Jen 선생님이 알려주는 점수보장 TIP

<눈에 띄는 특징들만 요약하기>

막대 그래프를 분석할 때는 가장 긴 막대가 나타내는 특징을 우선 보고하면서 글을 시작해야 빠른 답안 작성이 가능하겠지요? 우리가 목표하는 안정권의 점수대(6.5-7.5)에 전략적으로 도달하기 위해서는, 차트에 제시된 모든 항목과 수치의 특징들을 너무 꼼꼼하게 이해하려고 하기보다는, 최대한 언어적 오류 없이 완전한 글을 완성하는 데 집중하는 것이 좋습니다. 물론 빠른 수학적 계산 능력은 더 완성도 높은 답안을 작성하는 데 도움이 되지만, 여러분은 15-20분 사이의 시간 동안 빠르게 답안을 완성해야 한다는 점과 이 시험은 어디까지나 '어학 시험'이라는 점을 명심하세요!

TASK 2 범죄의 원인

■ Question

You should spend about 40 minutes on this task. 이 문제에는 약 40분을 소비해야 한다.

Write about the following topic. 다음 주제에 대하여 글을 쓰시오.

> **Several people assert that the main cause of crime is an economically disadvantaged background. However, others say that crime is caused by a person's nature.**
>
> **Discuss both ideas and give your own opinion.**
>
> 여러 사람들이 범죄의 주요 원인은 경제적으로 빈곤한 배경이라고 주장한다. 그러나, 다른 사람들은 범죄는 사람의 본성에 의해 야기된다고 말한다.
> 양쪽의 의견을 논의하고 당신의 의견을 제시하시오.

Give reasons for your answer and include any relevant examples from your own knowledge or experience. 당신의 답안에 대한 이유를 제시하고, 당신의 지식 또는 경험에 근거한 관련 예시를 포함하시오.

Write at least 250 words. 최소 250단어를 쓰시오.

■ 모범 답안

서론	The cause of crime **is a heavily studied topic in modern society. Many experts believe that** crime is caused by poverty. **However, others believe that** crime is a result of a person's nature. **Extensive research about** these causes **has not been able to produce a definite answer about** the cause of crime.
본론 1	**In recent years**, as the amount of crime has increased, **many connections have been found between** economic poverty **and** the probability of committing a crime. **For instance, surveys of** prison inmates **have found that** criminals who come from disadvantaged households are more likely to commit crimes to survive. Poor inmates report higher rates of theft and robbery than inmates who were raised in richer households. **This shows that** there is a direct relationship between poverty and crime.
본론 2	**On the other hand, another factor that could explain** the cause of crime **is a** person's nature. **Many psychologists have posited that** a criminal's way of thinking could determine how a person behaves, which suggests that people are not free to act as they desire. **In this regard**, people with certain mindsets would naturally be compelled to commit crime. **Basically**, crime is not a choice, so scientists must study the structure and function of a person's mindset to discover the true cause of crime.
결론	**In conclusion, these two ideas about** the cause of crime **are both interesting, but** since there are many people from economically disadvantaged backgrounds that do not commit crime, **I believe that** it seems more likely that a person's nature could cause them to commit crime.

해석 현대 사회에서 범죄의 원인은 심도 있게 연구되는 주제이다. 많은 전문가들은 가난이 범죄의 원인이라고 믿는다. 하지만, 다른 이들은 범죄는 사람의 본성의 결과라고 믿는다. 이런 원인들에 대한 광범위한 연구는 범죄의 원인에 대한 명확한 답을 제시할 수 없었다.

근래에, 범죄의 양이 늘면서, 경제적 가난과 범죄를 저지르는 확률 사이에 많은 관계들이 발견되었다. 예를 들어, 교도소 수감자들의 설문조사는 빈곤가정 출신의 죄수들이 연명하기 위해 범죄를 저지를 가능성이 더 높다는 것을 밝혔다. 가난한 수감자들은 더 부유한 가정에서 자란 수감자들보다 더 높은 절도와 강도의 비율을 보였다. 이것은 가난과 범죄 사이에 직접적인 관련이 있다는 것을 보여준다.

다른 한편으로, 범죄의 원인으로 설명될 수 있는 또 다른 요소는 사람의 본성이다. 많은 심리학자들이 사람의 사고방식이 사람의 행동을 결정할 수 있다고 가정한다. 이것은 사람들이 그들이 원하는 것처럼 마음대로 행동할 수 없다는 것을 제시한다. 이러한 점에서, 특정 사고방식을 가진 사람들은 선천적으로 범죄를 저지르게 될 것이다. 근본적으로, 범죄는 선택이 아니어서, 과학자들이 범죄의 진짜 원인을 찾기 위해서 사람의 사고방식 구조와 기능을 반드시 연구해야만 한다.

결론적으로, 범죄의 원인에 대한 이 두 가지 입장들은 둘 다 흥미롭지만, 범죄를 저지르지 않는 경제적으로 빈곤한 배경의 사람들이 많기 때문에, 나는 사람의 본성이 그들로 하여금 범죄를 저지르게 할 가능성이 더 높은 것 같다고 생각한다.

어휘 **poverty** 가난, 빈곤 **nature** 본성, 천성 **probability** 확률 **inmate** 수감자, 피수용자 (죄수, 입원 환자 등) **disadvantaged household** 빈곤가정 **survive** 연명하다 **theft** 절도 **robbery** 강도, 약탈 **posit** 가정하다, 단정하다 **determine** 결정하다 **mindset** 사고방식 **be compelled to** ~하지 않을 수 없게 되다 **function** 기능 **commit** (죄를) 저지르다 **economically disadvantaged background** 경제적으로 빈곤한 배경

Jen 선생님이 알려주는 점수보장 TIP

<'정답'을 쓰기 위해 시간 낭비하지 말기>

두 개의 대립되는 입장을 논의한 후 여러분의 입장을 밝히도록 요구하는 문제 유형(복합형)에서는 두 개의 입장을 간단히 논의한 후, 어느 한 쪽에 약간 더 무게를 실어서 결론을 작성하거나, 주제에 따라 중립을 유지할 수도 있습니다. 정답이 정해져 있다기보다는, 제시된 주제에 따라 그리고 문제의 유형에 따라 다양한 결론이 가능하지요.

어학원에서 수업을 하면서 실제로 많은 학생들이 '정답'을 써야 한다는 부담감과 함께 좋은 아이디어를 떠올리려고 고민하느라 답안 작성 시간을 허비하는 것을 자주 봅니다. TASK 2 답안 작성에 있어서 '정답'이라는 것은 존재하지 않습니다. 그렇다고 해서 아무 아이디어나 써도 된다는 것을 의미하는 것은 아니지요. '좋은' 아이디어로 답안을 작성했는지의 여부보다 더 중요한 채점 요소는, 문제 유형에 맞게 그리고 주제에 벗어나지 않게 논리를 전개하는 것입니다.

www.goHackers.com

스타 IELTS 실전 WRITING

Actual Test 05

TASK 1
모범 답안·해석

TASK 2
모범 답안·해석

TASK 1 박물관 이용객 수

Question

You should spend about 20 minutes on this task. 이 문제에는 약 20분을 소비해야 한다.

> The table below shows the number of museum patrons by age between 1997 and 2003.
>
> Summarise the information by selecting and reporting the main features, and make comparisons where relevant.
>
> 아래의 표는 1997년과 2003년 사이 박물관 이용객들의 수를 연령별로 보여준다.
> 주요 특징들을 선택하고 보고함으로써 정보를 요약하고, 관련 있는 곳에 비교를 하시오.

Write at least 150 words. 최소 150단어를 쓰시오.

Number of Visitors by Age

	1997	1998	1999	2000	2001	2002	2003
0 - 15	13,430	14,370	15,120	14,980	14,760	15,320	16,410
16 - 30	21,320	17,490	18,390	19,210	20,420	21,480	22,140
31 - 45	5,900	6,430	5,790	6,270	6,120	6,320	5,990
46 - 60	870	340	670	730	530	820	940
60 ↑	80	90	70	50	70	50	30
TOTAL	41,600	38,720	40,040	41,240	41,900	43,990	45,510

모범 답안

차트 소개	**The table shows** the number of patrons who visited a particular museum by age between 1997 and 2003.
본론 1	**According to the chart, it is clear that** people under 31 years old accounted for three quarters of all museum visitors. **Throughout the period**, the combined total of visitors in the first two age groups (0-15 and 16-30 years old) totaled more than 30,000 of the roughly 40,000 visitors per year. **Also,** the only decrease in total museum attendance occurred between 1997 and 1998 when this figure fell from 41,600 to 38,720 people.
본론 2	**It is noteworthy that** museum attendance decreased as age increased. Attendance among adults between 31 and 45 years old was consistently higher than among adults from 46 to 60 years old. **These figures** fluctuated at approximately 6,000 and 700, respectively. **Lastly,** the number of museum visitors over 60 years old never exceeded 100 in any year.
전체 경향	**Overall, the chart shows that** attendance among all age groups increased **over the period** except for attendance among visitors older than 60 years old.

해석 이 표는 1997년과 2003년 사이 특정 박물관에 방문했던 이용객들의 수를 연령별로 보여준다.

차트에 따르면, 31세 미만의 사람들이 전체 박물관 방문객의 4분의 3을 차지했다는 것이 명백하다. 전 구간 내내, 첫 번째 두 연령 그룹들 (0-15세와 16-30세)의 총 방문객 수의 합이 매년 대략 40,000명의 방문객들 중 30,000명 이상이었다. 또한, 전체 박물관 입장객 수에 있어 유일한 감소는 수치가 41,600명에서 38,720명으로 떨어졌던 1997년과 1998년 사이에 일어났다.

박물관 입장이 (이용객들의) 연령이 증가하면서 감소했다는 것은 주목할 만하다. 31세부터 45세 성인들의 입장이 46세부터 60세 성인들 사이의 입장보다 지속적으로 더 높았다. 이 수치들은 각각 약 6,000명과 700명에서 수시로 변했다. 마지막으로, 60세 이상의 박물관 방문객 수는 어느 연도에도 절대 100명을 넘지 않았다.

전반적으로, 차트는 60세 이상인 방문객들 사이에서의 입장을 제외하고, 모든 연령 그룹들의 입장이 전 기간 동안 증가했다는 것을 보여준다.

어휘 patron 이용객 account for 차지하다 three quarters 4분의 3 total 합이 ~되다 attendance 입장, 출석 as ~하면서 consistently 지속적으로 fluctuate 수시로 변하다 exceed 초과하다, 넘다 except for ~를 제외하고

Jen 선생님이 알려주는 점수보장 TIP

<두세 개의 수치들을 묶어서 분석하기>

차트의 경향이 한눈에 들어오는 선 그래프와 막대 그래프와는 달리, 표에는 많은 수치들이 제시되어 있으므로, 특징을 빠르게 파악하기 어려울 수 있습니다. 각각의 수치나 항목에 하나씩 집중하지 말고, 가장 크거나 가장 작은 수치들을 2-3개 이상 묶어서 비교하거나 대조하는 것을 연습해보세요! ☺

전문가로부터 답안을 교정받으며 학습하고 있는 경우, 아래와 같이 기존 문장의 오류에 밑줄을 긋고, 교정된 부분을 대조할 수 있게 정리하는 방식으로 오답노트를 만들어서 현재의 답안 작성법과 학습량을 반드시 점검해야 합니다.

오답노트 ex)
*기존 문장: <u>In regard to</u> the table chart, <u>patrons under 31 years old were</u> three-quarters <u>among</u> all attendance.

*교정된 문장: **As clearly seen from** the table, **the number of** patrons under 31 years old **was** three-quarters **of** all attendance.

*문제점: 부자연스러운 표현 사용, 불명확한 주어, 전치사 용법

TASK 2 우주 탐사

■ Question

You should spend about 40 minutes on this task. 이 문제에는 약 40분을 소비해야 한다.

Write about the following topic. 다음 주제에 대하여 글을 쓰시오.

> **Some people believe that the costs of space exploration are worth it, but others believe that space exploration is a waste of money.**
>
> **Discuss the advantages and disadvantages of space research.**
>
> 몇몇 사람들은 우주 탐사의 비용이 그만큼의 가치가 있다고 생각하지만, 다른 이들은 우주 탐사가 돈 낭비라고 생각한다. 우주 탐구의 장점과 단점을 논하시오.

Give reasons for your answer and include any relevant examples from your own knowledge or experience. 당신의 답안에 대한 이유를 제시하고, 당신의 지식 또는 경험에 근거한 관련 예시를 포함하시오.

Write at least 250 words. 최소 250단어를 쓰시오.

■ 모범 답안

서론	The cost of space exploration is extremely high, **so people believe that** we should invest money elsewhere. **Nevertheless, there are some people who argue that** space exploration is necessary because it develops new technologies that are beneficial to society. **In evaluating this issue, it is important to consider** financial costs **on the one hand and** social benefits **on the other**.
본론 1	Space exploration has many positive effects on modern society **because** it has led to many technological discoveries. **For example**, technology developed by NASA was adapted to make a breathing system for firefighters. NASA **also** designed a detailed process to check food safety so astronauts could stay healthy in space. **As the examples clearly show**, the technology that has been developed by NASA is very broad, and it improves people's lives. **Therefore, it is evident that** people should acknowledge why space travel is necessary.
본론 2	**However**, despite the technological progress, some people do not support space exploration **because** it is extremely expensive. Some governments have gone into debt due to space exploration, and because of this debt, some people in society lack basic services like healthcare and shelter. **As a result**, citizens argue that the government should spend money on social welfare programs instead of space exploration. **These people believe that** there are more efficient ways to develop technology. **For example**, investing more money in research labs at universities can be very effective at developing technology. **Therefore, it is clear that** there are cheaper ways to develop technology.

| 결론 | **In conclusion**, space exploration is very advantageous to society because it provides a lot of technological advances that people can use, but we must remember that there may be more effective ways to develop technology. |

해석 우주 탐사의 비용은 극도로 높아서, 사람들은 우리가 돈을 다른 곳에 투자해야 한다고 생각한다. 그럼에도 불구하고, 우주 탐사가 사회에 유익한 새로운 기술들을 발전시키기 때문에 그것이 필요하다고 주장하는 몇몇 사람들이 있다. 이 쟁점을 평가하는데 있어서, 한편으로는 재정적 비용을 그리고 다른 한편으로는 사회적 유익들을 고려하는 것이 중요하다.

우주 탐사는 많은 기술적 발견들을 이루어냈기 때문에 현대사회에 많은 긍정적 영향들을 미친다. 예를 들어, 미국 항공 우주국이 발전시킨 기술은 소방관들을 위한 호흡 보호 장비기술을 만드는 데에 적용되었다. 미국 항공 우주국은 또한 우주비행사가 우주에서 건강을 유지할 수 있도록 식품 안전성을 확인하기 위한 세밀한 과정을 만들었다. 예시들이 명백히 보여주는 것처럼, 미국 항공 우주국에 의해 발달되어온 기술은 매우 광범위하고, 그것은 사람들의 삶의 질을 향상시킨다. 따라서, 사람들이 왜 우주 여행이 필요한지를 인식해야 하는 것은 명백하다.

그러나, 기술적 발전에도 불구하고, 우주 탐사는 매우 많은 비용이 들기 때문에 몇몇 사람들은 이것을 지지하지 않는다. 몇몇 정부들은 우주 탐사 때문에 빚을 지게 되었고, 이 빚 때문에, 사회의 일부 사람들은 의료와 주거 같은 기본 시설들이 모자란다. 결과적으로, 시민들은 정부가 우주 탐사 대신 사회복지 프로그램에 돈을 써야 한다고 주장한다. 이 사람들은 기술을 발전시키기 위한 더 효과적인 방법들이 있다고 생각한다. 예를 들어, 대학교에 있는 연구실에 더 많은 돈을 지원하는 것이 기술을 발달시키는 데 매우 효과적일 수 있다. 따라서, 기술을 발달시키기 위한 더 저렴한 방법들이 있는 것이 명백하다.

결론적으로, 우주 탐사는 사람들이 사용할 수 있는 많은 기술적 진보를 제공하기 때문에 사회에 매우 이롭지만, 우리는 기술의 발전을 위한 더 효과적인 방법들이 있을 수도 있다는 것 또한 기억해야 한다.

어휘 **exploration** 탐사 **cost** 비용, 경비 **elsewhere** 다른 곳에 **nevertheless** 그럼에도 불구하고 **discovery** 발견, 발견물 **NASA** 미국 항공 우주국 **adapt** (상황에) 맞추다 **astronaut** 우주비행사 **acknowledge** 인식하다 **progress** 발전 **go into debt** 빚을 지다 **shelter** 주거 **research lab** 연구실 **advantageous** 이로운 **advance** 진보

Jen 선생님이 알려주는 점수보장 TIP

<본론에 두 개의 아이디어 제시하기 1>

본 교재는 학습자들이 단기간에 고득점 대열(7.0-8.0)에 오르도록 본론에 한 개의 아이디어를 제시하는 것을 쉽고 좋은 학습전략으로 소개하고 있지만, 만약 여러분이 특정 주제에 관해서 아이디어가 많을 경우에는 다음과 같이 본론에 두 개의 아이디어를 제시하는 것도 가능합니다.

본론 ex)
For many decades, the innovative benefits of space research such as technological development and discovery of other inhabitable planets have made it reasonable to accept the high cost of space-related projects. This is clear due to the fact that the value of space research depends on various factors such as its practical applications on Earth. For example, space research has directly led to the technological development of new high-tech devices including supercomputers and GPS systems that are used to protect the planet from asteroids and comets in outer space. Also, space-related projects like satellite launches have led to unexpected benefits such as actual photos that show the discovery of other inhabitable planets like Earth. As a result, it is clear that space exploration helps society to obtain pricelessly valuable knowledge that can improve the quality of life on Earth. Due to these innovative benefits, space exploration must be accepted as beneficial despite its high cost.

수십 년 동안, 기술 개발과 다른 거주 가능한 행성의 발견과 같은 우주 연구의 혁신적인 이점은 우주 관련 프로젝트의 높은 비용을 받아들이는 것을 합리적으로 만들었다. 이는 우주 연구의 가치가 지구상의 실용적 적용 등 다양한 요인에 달려 있다는 점에서 분명하다. 예를 들어, 우주 연구는 슈퍼컴퓨터와 우주에 있는 소행성이나 혜성으로부터 지구를 보호하는 데 사용되는 GPS 시스템을 포함한 새로운 첨단 장치들의 기술적 발전을 직접적으로 이끌었다. 또한 위성 발사와 같은 우주 관련 프로젝트는 지구와 같이 살 수 있는 다른 행성의 발견을 보여주는 실제 사진 같은 예상치 못한 이익을 가져왔다. 그 결과, 우주 탐사는 사회가 지구상의 삶의 질을 향상시킬 수 있는 귀중한 지식을 얻는 데 도움이 된다는 것은 분명하다. 이러한 혁신적인 이점 때문에, 우주 탐사는 높은 비용에도 불구하고 이로운 것으로 받아들여져야 한다.

www.goHackers.com

스타 IELTS 실전 WRITING

Actual Test 06

TASK 1
모범 답안·해석

TASK 2
모범 답안·해석

TASK 1 직장에서의 불만 사항

■ Question

You should spend about 20 minutes on this task. 이 문제에는 약 20분을 소비해야 한다.

The table below shows the results of a survey on workplace complaints in Germany in 2001.

Summarise the information by selecting and reporting the main features, and make comparisons where relevant.

아래의 표는 2001년 독일에서의 직장 내 불만 사항들에 대한 설문 결과를 보여준다.
주요 특징들을 선택하고 보고함으로써 정보를 요약하고, 관련 있는 곳에 비교를 하시오.

Write at least 150 words. 최소 150단어를 쓰시오.

Survey Results (%)

Category	Man	Woman	Total
Lack of technical support	3	16	9.5
Relationship with the line manager	22	7	14.5
Temperature (Too hot / cold)	7	5	6.0
Excessive noise	20	26	23.0
Lack of privacy	9	21	15.0
Sexual harassment	1	10	5.5
Annoying co-workers	34	9	21.5
Other causes	4	6	5.0

■ 모범 답안

차트 소개	**The table gives information concerning** survey results of workplace complaints in Germany in 2001. The answers are shown by gender.
본론 1	The data shows that women reported a lack of technical support, a lack of privacy, and sexual harassment more often than men. **These figures were** 16%, 21%, and 10%, respectively. **On the other hand**, 3%, 9%, and 1% of men reported these problems, respectively. **Also**, males reported their relationship with the line manager and annoying co-workers more than females. **Among** males, these figures were 22% and 34%; **however**, only 7% and 9% of women reported these issues, respectively.
본론 2	**According to the data**, both men and women complained about excessive noise. This complaint had the highest average percentage(23%). 20% of men and 26% of women reported this problem. **In contrast**, temperature was the least reported problem. Only 7% of men and 5% of women complained about this.

| 전체 경향 | **Overall, it is clear that** men and women reported different problems in the workplace. Men struggled most with problems that require social interaction, and women struggled with issues regarding how they were treated. |

해석　이 표는 2001년 독일에서의 직장 내 불만 사항들에 대한 설문 결과에 관한 정보를 준다. 응답들은 성별에 따라 보여진다.

자료는 여성들이 기술 지원의 부족, 사생활 부족, 그리고 성희롱을 남성들보다 더 자주 말했다는 것을 보여준다. 이 수치들은 각각 16%, 21%, 그리고 10%였다. 반면에, 각각 3%, 9%, 그리고 1%의 남성들만이 이 문제들에 대해 말했다. 또한, 남성들은 그들의 직속 상사와의 관계와 곤혹스러운 동료들에 대해서 여성들보다 더 많이 말했다. 남성들 사이에서, 이 수치는 22% 그리고 34%였다. 하지만, 각각 오직 7%와 9%의 여성들만이 이 문제들에 대해 말했다.

자료에 따르면, 남성과 여성들은 모두 과도한 소음에 대해 불평했다. 이 불만 사항이 가장 높은 평균 비율을 가졌다(23%). 20%의 남성들과 26%의 여성들이 이 문제를 보고했다. 대조적으로, (사무실) 온도는 가장 적게 보고된 문제였다. 오직 7%의 남성들과 5%의 여성들만 이것에 대해 불평했다.

전반적으로, 남성과 여성들이 직장에서 서로 다른 문제들을 보고한 것은 명백하다. 남성들은 사회적 상호 작용을 요하는 문제들로 가장 힘들어했고, 여성들은 그들이 어떻게 대우 되었는지에 관한 문제들로 힘들어했다.

어휘　**complaint** 불만 사항　**privacy** 사생활　**sexual harassment** 성희롱　**line manager** 직속 상사　**annoying** 곤혹스러운, 짜증스러운
excessive 과도한　**complain** 불평하다　**struggle** 힘들어하다

Jen 선생님이 알려주는 점수보장 TIP

<세미콜론(;)의 사용 익히기>

두 문장이 접속 부사로 연결되어 있을 때, 세미콜론(;)이 자주 사용됩니다. 대표적인 접속 부사로는 however, then, therefore, otherwise, hence, nonetheless, instead 등이 있지요. 주로 세미콜론 앞 문장의 내용에 세미콜론 뒤 문장의 내용을 바로 이어서 추가 전달할 때 쓰입니다.

오늘 소개한 모범답안에도 세미콜론의 활용을 볼 수 있지요? (Among males, these figures were 22% and 34%; however, only 7% and 9% of women reported these issues, respectively.) 이 문장에서 세미콜론은 남성들 사이에서 수치가 22%와 34%였다는 앞 문장의 내용에 여성들의 수치는 7%와 9%뿐이었다는 연관 사항을 바로 이어서 추가 전달해주는 역할을 했지요. 영문 에세이 학습 초기 단계에서는, 세미콜론의 사용이 생소하고 어려울 수 있습니다. 그럴 경우에는, 다음과 같이 두 문장으로 의도한 내용을 전달하는 것도 괜찮습니다.

ex) Among males, these figures were 22% and 34%. However, only 7% and 9% of women reported these issues, respectively. 남성들 사이에서, 이 수치들은 22%와 34%였다. 그러나, 여성들의 오직 7%와 9%만 각각 이 이슈들을 보고했다.

TASK 2 CCTV의 사용

■ Question

You should spend about 40 minutes on this task. 이 문제에는 약 40분을 소비해야 한다.

Write about the following topic. 다음 주제에 대하여 글을 쓰시오.

> **Some believe that installing CCTVs in high crime areas will help to reduce crime.**
> **What are the advantages and disadvantages of this?**
>
> 몇몇 사람들은 CCTV를 범죄 위험 지역에 설치하는 것이 범죄를 줄이도록 도울 것이라고 생각한다.
> 이것의 장점과 단점은 무엇인가?

Give reasons for your answer and include any relevant examples from your own knowledge or experience. 당신의 답안에 대한 이유를 제시하고, 당신의 지식 또는 경험에 근거한 관련 예시를 포함하시오.

Write at least 250 words. 최소 250단어를 쓰시오.

■ 모범 답안

서론	**Many people believe that** using CCTVs to monitor city streets has many benefits because it has been shown to reduce crime. Many large cities **have had mixed results** after using these devices, **so it is clear that people may have diverse ideas about this issue.**
본론 1	**To begin with**, installing CCTV cameras can have many positive effects on society **because** CCTVs are used in many cities as a method of crime prevention. **It is commonly known that** the cameras have been effective at catching some criminals after a crime has been committed. **For example**, police officers report that CCTVs allow them to monitor high crime areas more efficiently. **In addition**, the videos can be used in court as evidence. In the United States, video evidence from CCTVs has been used to investigate car accidents. **This shows that** CCTVs can help identify criminals or monitor areas in case something happens. **Therefore, it is evident that** installing cameras to monitor the streets is a good idea.
본론 2	**However, some people assert that** the disadvantages of this outweigh the benefits. **This is because** they believe that the government may use the cameras to spy on citizens in their everyday life. **Many experts believe that**, since there are no laws to stop the government from spying on people, citizens cannot trust the government to use the CCTVs responsibly. **In some cases**, the video footage has been uploaded on the Internet, and this has had very negative effects on people's privacy. **Therefore, it is apparent that** the government needs to consider many factors before it decides whether installing CCTVs would have positive effects on society.

| 결론 | **To sum up, it is clear that there are many advantages** for society if CCTVs are installed on the street. **However, there are also significant drawbacks because** the cameras would be easy to misuse. |

해석 많은 사람들은 시내 거리를 감시하기 위해 CCTV를 사용하는 것이 범죄를 줄이는 것을 보여주었기 때문에 많은 이점들을 가지고 있다고 생각한다. 많은 대도시들이 이 장치들을 사용한 후 엇갈린 결과들을 가지고 있어서, 사람들이 이 이슈에 대해서 다양한 입장들을 가지고 있을 수도 있다는 것은 명백하다.

우선, CCTV는 많은 도시들의 범죄 예방 방법으로 사용되기 때문에 CCTV를 설치하는 것은 사회에 많은 긍정적 영향들 미칠 수 있다. 범죄가 저질러진 후에 일부 범인들을 잡는데 카메라가 효과적으로 이어왔다는 것은 흔히 알려져 있다. 예를 들면, 경찰관들은 CCTV가 범죄 위험 지역을 더 효과적으로 감시할 수 있게 해준다고 말한다. 게다가, 그 영상들은 법정에서 증거물로 사용될 수 있다. 미국에서는, CCTV로부터의 영상 증거가 자동차사고를 수사하는데 사용되어왔다. 이것은 CCTV가 범인을 파악하거나, 어떤 일이 일어날 수 있는 경우에 지역을 감시하는 것을 도울 수 있다는 것을 보여준다. 따라서, 거리를 감시하기 위해 카메라를 설치하는 것이 좋은 생각이라는 것은 명백하다.

그러나, 일부 사람들은 이것의 단점들이 이점들보다 더 크다고 강력히 주장한다. 왜냐하면 그들은 정부가 시민들의 일상 생활을 몰래 감시하기 위해 카메라를 사용할 수도 있다고 생각하기 때문이다. 많은 전문가들은 정부가 사람들을 몰래 감시하는 것을 막을 수 있는 법이 없기 때문에, 시민들은 정부가 CCTV를 책임감 있게 사용하는지 믿을 수 없다고 생각한다. 몇몇 경우, 영상 장면이 인터넷에 올라오기도 했고, 이것은 사람들의 사생활에 매우 부정적인 영향을 미쳤다. 따라서, 정부는 CCTV가 사회에 긍정적인 영향을 미칠것인지를 결정하기 전에 많은 요인들을 검토할 필요가 있다는 것이 명백하다.

요약하자면, CCTV가 거리에 설치되면 사회에 이로운 점들이 많이 있다는 것은 확실하다. 하지만, 카메라들은 쉽게 악용될 것이기 때문에 심각한 문제점들도 있다.

어휘 CCTV(closed-circuit television) 폐쇄 회로 TV   install 설치하다   prevention 예방, 방지   monitor 감시하다   court 법정
evidence 증거물   investigate 수사하다   identify 확인하다, 찾다   outweigh ~보다 더 크다   spy on ~을 몰래 감시하다
video footage 영상 장면   privacy 사생활   drawback 문제점, 결점   misuse 악용하다, 오용하다

Jen 선생님이 알려주는 점수보장 TIP

<본론에 두 개의 아이디어 제시하기 2>

만약 여러분이 특정 주제에 관해서 아이디어가 많을 경우, 다음과 같이 본론에 두 개의 아이디어를 제시하는 것도 가능합니다. IELTS WRITING은 어디까지나 어학 시험이기 때문에 실제 대학에서 research를 기반으로 작성하는 글과는 달리 글을 작성하면서 참조 사항 (reference)을 밝히거나 참조 페이지(reference page)를 제출하도록 요구하지는 않습니다. 따라서, 여러분의 입장을 뒷받침하는 예시가 마땅히 떠오르지 않을 경우, 필요한 예시를 있을 법하게 일반화하여 제시하는 것도 하나의 전략입니다.

본론 ex)
To begin with, installing CCTV cameras has become a contentious issue because this has significant communal advantages such as increasing the level of social safety and assisting crime investigations. These benefits can be achieved by installing CCTV cameras because they will have a deterrent effect on gruesomely violent crime. For example, people who live in countries that have installed CCTVs on the roads have reported that the cameras give citizens a strong sense of safety from violent crimes such as being attacked by a stalker when walking in the neighborhood at night, and in addition to this, crime investigators have caught criminals by checking the video evidence of CCTV cameras. As a result, it is undeniable that CCTV video footage has many beneficial applications that can help ordinary citizens and police investigators. This shows that CCTV cameras can provide communal advantages for the protection of everyone in society.

우선, CCTV 카메라를 설치하는 것은 이것이 사회적 안전 수준을 높이고 범죄 수사를 돕는 것과 같은 상당한 공동의 이점을 가지고 있기 때문에 논쟁거리가 되었다. 이런 혜택들은 CCTV 카메라를 설치함으로써 끔찍할 정도로 폭력적인 범죄에 대한 억제 효과가 있기 때문에 달성될 수 있다. 예를 들어, 도로에 CCTV를 설치한 국가에 사는 사람들은 이 카메라가 밤에 동네를 걸을 때 스토커에게 습격당하는 것 같은 강력범죄로부터 시민들에게 강한 안전감을 준다고 보고했고, 이와 더불어 범죄 수사관들이 비디오 증거물 등을 확인함으로써 범죄자들을 붙잡았다. 그 결과, CCTV 영상에는 일반 시민들과 경찰 수사관들을 도울 수 있는 많은 유익한 활용점이 있다는 것이 부인할 수 없는 사실이다. 이것은 CCTV 카메라가 사회 모든 사람들의 보호를 위해 공동의 이점을 제공할 수 있다는 것을 보여준다.

www.goHackers.com

스타 IELTS 실전 WRITING

Actual Test 07

TASK 1
모범 답안·해석

TASK 2
모범 답안·해석

TASK 1 학생들의 장래 직업

■ Question

You should spend about 20 minutes on this task. 이 문제에는 약 20분을 소비해야 한다.

> **The charts below show what students in high school want to become when they grow up.**
>
> **Summarise the information by selecting and reporting the main features, and make comparisons where relevant.**
>
> 아래의 차트들은 고등학교 학생들이 그들이 커서 무엇이 되기 원하는 지를 보여준다.
> 주요 특징들을 선택하고 보고함으로써 정보를 요약하고, 관련 있는 곳에 비교를 하시오.

Write at least 150 words. 최소 150단어를 쓰시오.

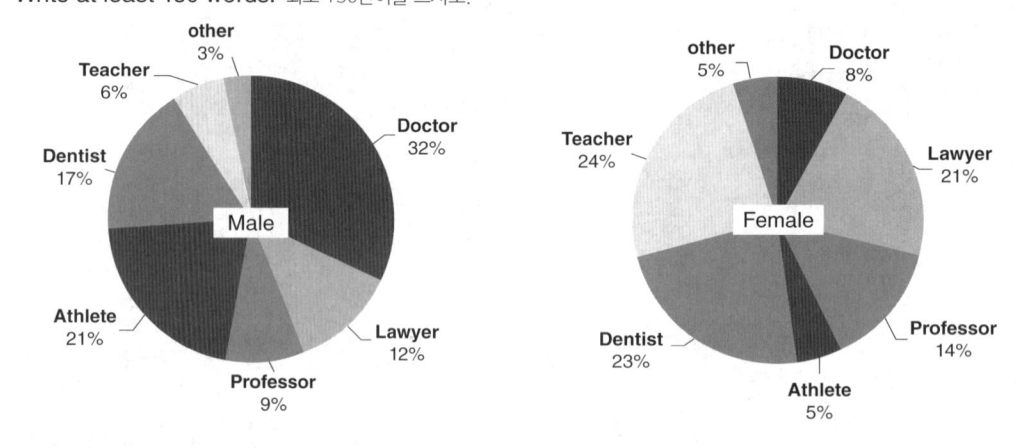

■ 모범 답안

차트 소개	**The two pie charts give information concerning** the high school students' dream jobs by gender.
본론 1	**The charts clearly show that** a higher percentage of male students aspired to become doctors and athletes. These two responses accounted for a majority of all male responses (53%). **In contrast**, the same two categories only accounted for 13% of female responses. The top two answers among female students were teacher and dentist, respectively. **These figures were** 24% and 23%, respectively.
본론 2	**It is notable that** females wanted to become dentists and lawyers at higher rates than males. The percentages of males and females who wanted to become dentists were 17% and 23%, respectively. **Also**, 12% of male students and 21% of female students wanted to become lawyers. **Lastly, it is clear that** most students selected their dream

	jobs from the choices provided since other was the least reported response regardless of gender.
전체 경향	**Overall, the data clearly shows that** the students' dream jobs depended on their gender. The largest proportion of male students wanted to become a doctor, but in contrast, the largest percentage of female students chose teacher as their dream job.

해석　두 개의 파이 차트는 성별에 따른 고등학생들의 장래 직업에 관한 정보를 제공한다.

　　　차트는 더 높은 비율의 남학생들이 의사와 운동선수가 되기를 갈망한다는 것을 명확히 보여준다. 이 두 개의 응답들은 전체 남학생 응답의 대부분을 차지했다(53%). 대조적으로, 이 두 개의 같은 항목들은 여성들 응답의 오직 13%만 차지했다. 여학생들 사이에서, 상위 두 개의 응답은 각각 선생님과 치과의사였다. 이 수치들은 각각 24%와 23%였다.

　　　여성이 남성들보다 더 높은 비율로 치과의사와 변호사가 되기 원했다는 것은 주목할 만하다. 치과의사가 되기 원했던 남성들과 여성들의 비율은 각각 17%와 23%였다. 또한, 12%의 남학생들과 21% 여학생들이 변호사가 되기 원했다. 마지막으로, 성별에 관계없이 기타가 가장 적게 보고된 응답이었기 때문에 대부분의 학생들이 그들의 장래 직업을 제공된 선택지에서 선택한 것이 명백하다.

　　　전반적으로, 이 자료는 학생들의 장래 직업이 성별에 따라 좌우된다는 것을 명백히 보여준다. 큰 비중의 남학생들은 의사가 되고자 했지만, 반대로 여학생의 가장 큰 비율이 장래 직업으로 교사를 선택했다.

어휘　**dream job** 장래 직업　**gender** 성별　**aspire to** ~하기를 갈망하다　**majority** 대부분, 다수　**top** 맨 위의　**regardless of** ~에 관계없이　**concentrate** 집중하다

Jen 선생님이 알려주는 점수보장 TIP

<문장을 간결하게 유지하기>

교재에 수록된 모범 답안들은 8점 정도의 점수를 목표로 간결하고 전략적으로 작성되었습니다. 따라서, 대부분의 문장들이 간단하고 간결하지요. 하고 싶은 말을 다 쓰려고 하기보다는, 문법 구조를 단순하게 유지하면서 답안을 작성해야 의도한 표현을 더 쉽고 명확하게 전달할 수 있습니다.

ex)
(1) 나쁜 예 (불확실한 표현으로 문장을 길게 쓰면서 오히려 문법 실수가 많아진 사례)
　　Overall, it is seen that answers are slightly centralized among male groups more than female's, and sum of the proportion of the two most chosen answers between male was 53% but only 47% in female group. (X)
(2) 좋은 예 (어법 오류 및 문장의 길이와 관련하여 수정된 문장)
　　Overall, it is seen that answers are slightly more concentrated among males than females. The two most popular answers accounted for 53% of male responses but only 47% of female responses.

TASK 2 환경 파괴

Question

You should spend about 40 minutes on this task. 이 문제에는 약 40분을 소비해야 한다.

Write about the following topic. 다음 주제에 대하여 글을 쓰시오.

> **The environment is changing rapidly because humans are destroying nature to meet their needs.**
>
> **Discuss this cause of environmental change and suggest some solutions for this problem.**
>
> 사람들이 그들의 필요를 충족시키기 위해서 자연을 파괴하고 있기 때문에 환경이 빠르게 바뀌고 있다.
> 이러한 환경 변화의 원인을 논하고 이 문제에 대한 해결책을 제안하시오.

Give reasons for your answer and include any relevant examples from your own knowledge or experience. 당신의 답안에 대한 이유를 제시하고, 당신의 지식 또는 경험에 근거한 관련 예시를 포함하시오.

Write at least 250 words. 최소 250단어를 쓰시오.

모범 답안

서론	**In recent years**, humans' need for resources has caused harmful changes to the environment. **As a result**, many animals' habitats are being destroyed. **This** is causing a crisis for many animals because they do not have an appropriate place to live. **In response to this problem**, individuals and the government should work to reverse this environmental damage.
본론 1	**These days**, the environment is going through many changes due to humans using up all the earth's resources. **In particular**, many animals that live in the forest have few places to live because humans are cutting down too many trees. **For example**, the golden toad used to live in the rainforests of Costa Rica, but it has gone extinct due to habitat destruction. **Many experts are concerned that** more species will become extinct if people don't stop destroying the environment. **Therefore**, much needs to be done to address this problem.
본론 2	**To address this problem**, people need to find ways to reduce their effect on the environment. **For example**, using fewer resources such as paper can help preserve trees. **Also**, there are many organizations that work to improve the condition of the environment such as the World Nature Organization. Joining a group like this can be a way to help the environment. **In addition**, asking the government to make laws that preserve animals' habitats can solve the problem. **It is clear that** there are several ways people can try to stop environmental destruction.

| 결론 | **To sum up**, using the earth's resources excessively causes harm to many animals, and in some cases, species can become extinct. **Therefore**, societies around the world need to work together to minimize the human impact on the environment. |

해석 근래에, 사람들의 자원에 대한 필요가 환경에 해로운 변화를 야기해왔다. 그 결과, 많은 동물들의 서식지들이 파괴되고 있다. 동물들이 살 적당한 곳이 없기 때문에 이는 많은 동물들에게 위기를 일으키고 있다. 이 문제의 대응에 있어서, 개개인들과 정부는 환경적 손상을 되돌리기 위해 일해야 한다.

오늘날, 지구의 모든 자원을 다 써버리고 있는 사람들 때문에 환경은 많은 변화들을 겪고 있다. 특히, 사람들이 너무 많은 나무를 베어내고 있기 때문에 숲에 사는 많은 동물들은 살 곳이 거의 없다. 예를 들어, 황금두꺼비는 코스타리카의 열대 우림에서 살았었지만 이것은 서식지 파괴 때문에 멸종되었다. 많은 전문가들이 만약 사람들이 환경 파괴를 멈추지 않는다면 더 많은 종들이 멸종될 것이라고 염려한다. 따라서, 이 문제를 다루기 위해서 많은 것들이 실행될 필요가 있다.

이 문제를 해결하기 위해, 사람들은 환경에 미치는 영향을 줄이는 방법들을 찾아야 한다. 예를 들어, 종이 같은 자원들을 더 적게 사용하는 것은 나무를 보존하는 것을 도울 수 있다. 또한, 세계 자연 보호 기구 같이 환경 상태를 개선하기 위해 일하는 많은 기관들이 있다. 이런 그룹에 참여하는 것도 환경을 돕는 방법일 수 있다. 게다가, 정부에 동물들의 서식지를 보존하는 법을 만들도록 요청하는 것도 이 문제를 해결할 수 있다. 사람들이 환경 파괴를 막기 위해 노력할 수 있는 여러 가지 방법이 있다는 것은 명백하다.

요약하자면, 지구의 자원을 과도하게 사용하는 것은 많은 동물들에게 해를 끼치고, 몇몇 경우에는, 종들이 멸종될 수 있다. 따라서, 전 세계 사회들이 환경에 대한 사람의 영향을 최소화하기 위해 협력해야 한다.

어휘 habitat 서식지 reverse 되돌리다 go through 겪다 use up 다 써버리다 cut down 베어내다 rainforest 열대 우림 go extinct 멸종하다 destruction 파괴 preserve 보존하다 organization 기관, 단체 improve 개선하다, 향상시키다 condition 상태 join 참여하다 excessively 과도하게 work together 협력하다 minimize 최소화하다

Jen 선생님이 알려주는 점수보장 TIP

<주제와 연관된 어휘 활용 능력 보여주기>

문법 오류를 최대한 줄이면서 논리 전개 능력을 보여주는 것만큼 중요한 요소는 다양한 어휘 활용 능력을 보여주는 것입니다. 예를 들어, 환경 보호와 관련된 문제가 제시되었다면, 'save the environment', 'environmental damage' 같은 기본적인 어휘뿐만 아니라, 'habitat destruction', 'deforestation', 'extinct animals', 'use up resources', 'preserve animals' habitats' 등 주제와 직접적으로 연관된 어휘 및 표현들이 글 전반에 활용되어야 고득점을 받을 수 있습니다. 반복적인 어휘 사용이나 기초적인 어휘만 사용하는 습관을 없애야 안정권의 점수에 도달할 수 있습니다.

www.goHackers.com

스타 IELTS 실전 WRITING

Actual Test 08

TASK 1
모범 답안·해석

TASK 2
모범 답안·해석

TASK 1 한국의 인구 변화

Question

You should spend about 20 minutes on this task. 이 문제에는 약 20분을 소비해야 한다.

> The pie charts below give information about the population of South Korea in 2000 and 2050.
>
> Summarise the information by selecting and reporting the main features, and make comparisons where relevant.
>
> 아래의 파이 차트들은 2000년과 2050년에 한국의 인구에 대한 정보를 준다.
> 주요 특징들을 선택하고 보고함으로써 정보를 요약하고, 관련 있는 곳에 비교를 하시오.

Write at least 150 words. 최소 150단어를 쓰시오.

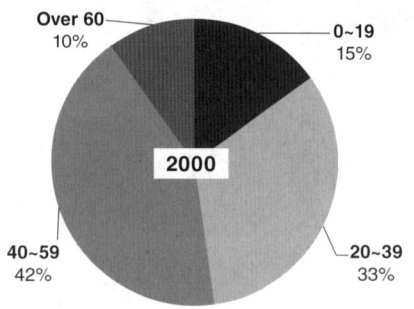
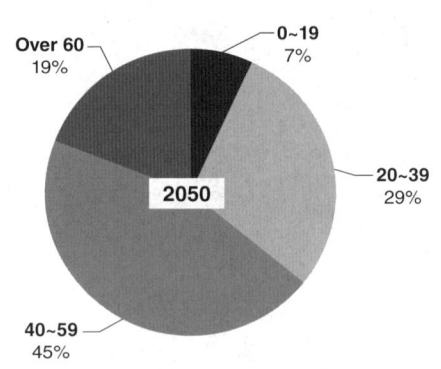

모범 답안

차트 소개	**The first pie chart shows** the population of South Korea in 2000, **and the second chart shows** population projections for 2050.
본론 1	**In 2000**, the largest portion of the population was adults between 40 and 59 years old. **This group** accounted for almost half of the whole population (42%). **In contrast**, people over 60 years old accounted for only 10% of the population. **This was followed by** people younger than 20 years old (15%). The size of these two age groups combined (25%) was smaller than the proportion of people between 20 and 39 years old (33%).
본론 2	**In 2050**, the percentage of people younger than 20 in the population is expected to fall by half (7%). **On the other hand**, the elderly population will almost double to 19% of the population. **Taken together, it is noteworthy that** the two middle-aged groups will account for the majority of the population (74%).

전체 경향	**Overall, it is noticeable that** the oldest and youngest age groups will show significant changes **over the period** while the other age groups will show slight changes over the period.

해석 첫 번째 파이 차트는 2000년도 대한민국의 인구를 보여주고, 두 번째 차트는 2050년도의 예상 인구를 보여준다.

2000년에는, 인구의 가장 큰 부분이 40세와 59세 사이의 성인들이었다. 이 그룹이 전체 인구의 거의 절반을 차지했었다(42%). 대조적으로, 60세 이상의 사람들은 인구의 오직 10%만 차지했었다. 20세 미만의 사람들이 그 뒤를 따랐다(15%). 이 두 연령의 그룹들을 합친 크기는 (25%) 20세와 39세 사이의 사람들의 비율(33%)보다 적었다.

2050년에는, 20세 미만의 사람들의 인구 비율이 반으로 떨어질 것으로 예상된다(7%). 반면에, 노년 인구는 인구의 19%까지로 거의 두 배가 될 것이다. 종합해보면, 두 중년 그룹이 인구의 대다수(74%)를 차지할 것이라는 것은 주목할 만하다.

전반적으로, 다른 연령 그룹들은 기간 내내 미비한 변화를 보여줄 것인 반면 가장 나이가 많은 그룹과 가장 어린 그룹들은 전 기간 내내 상당한 변화를 보여줄 것이라는 점이 눈에 띈다.

어휘 **population** 인구 **projection** 예상, 추정 **whole** 전체의 **account for** ~을 차지하다 **combine** 합치다 **proportion** 비율 **double** 두 배로 되다 **middle-aged** 중년의 **significant** 상당한 **slight** 미비한

Jen 선생님이 알려주는 점수보장 TIP

<제시된 연도를 보고 적절한 시제 사용하기>

차트에 미래 연도가 제시되었을 경우, '시제' 사용에 주의해야 합니다. 채점자들은 영어를 외국어로 구사하는 학생들이 자주하는 실수들에 이미 익숙하기 때문에, 동사의 시제(현재/현재완료/과거/미래시제 등)를 포함한 관사와 전치사들의 선택에 주의하면서 답안을 작성해야 안정권의 점수를 받을 수 있습니다.

TASK 2 가난이 사회에 미치는 영향

Question

You should spend about 40 minutes on this task. 이 문제에는 약 40분을 소비해야 한다.

Write about the following topic. 다음 주제에 대하여 글을 쓰시오.

> **Poverty is a problem that affects the majority of children these days.**
>
> **Discuss the effects of poverty on society and suggest some solutions to this problem.**
>
> 가난은 요즘 다수의 아이들에게 영향을 주는 문제이다.
> 사회에 미치는 가난의 영향을 논의하고, 이 문제를 해결하기 위한 해결책을 제안하시오.

Give reasons for your answer and include any relevant examples from your own knowledge or experience. 당신의 답안에 대한 이유를 제시하고, 당신의 지식 또는 경험에 근거한 관련 예시를 포함하시오.

Write at least 250 words. 최소 250단어를 쓰시오.

모범 답안

서론	**Many experts have become concerned because** poverty is a serious problem that affects the health of children. **They claim that** children who live in poverty face many dangerous problems that could be life-threatening. **To solve this problem**, the governments in developed countries should implement projects that will help people in poor countries.
본론 1	**It is commonly known that** poverty causes many life-threatening problems among children in developing countries. **In particular**, many children starve or are malnourished because developing countries do not have many of the services necessary to maintain health. **For example**, in many of these countries, children from poor families cannot pay for access to infrastructure like water sanitation plants and large-scale supermarkets, so they struggle to obtain clean food and water on a regular basis. **Therefore, it is clear that** widespread poverty is the fundamental cause of issues like hunger and starvation among children **because** money is required to access all basic services in society.
본론 2	**To solve this problem**, leaders from developed countries should try to eliminate poverty around the world **because** global collaboration is needed to increase children's standard of living in undeveloped countries. **For example**, the US sends periodic shipments of wheat to underdeveloped regions every year. **Many experts believe that** this helps to fight hunger and increase health standards by reducing issues like malnutrition. **Also**, countries all over the world provide poor countries with machines like tractors so that they can increase food production. In reality, giving poor

	countries this aid has helped the local people to learn how to cultivate and harvest their own food so that they will need less assistance in the future. **As the examples clearly show, it is undeniable that** if all countries work together, we can solve this problem.
결론	**In conclusion, although** poverty **is a serious problem** that affects most children in modern society, **it is clear that much is being done to fix this problem**. If countries from all over the world work together, it has been seen that we can make a big difference in people's lives. **If** these efforts are continued, poverty **will soon be a problem of the past**.

해석   가난은 아이들의 건강에 영향을 미치는 심각한 문제이기 때문에 많은 전문가들은 염려하게 되었다. 그들은 가난하게 사는 어린아이들이 생명을 위협할 수도 있는 많은 위험한 문제들에 직면한다고 주장한다. 이 문제를 해결하기 위해서, 선진국의 정부들은 가난한 나라의 사람들을 도울 프로젝트를 시행해야만 한다.

가난이 개발도상국에 있는 아이들 사이에서 생명을 위협하는 많은 문제들을 일으킨다는 것은 흔히 알려져 있다. 특히, 개발도상국들은 건강을 유지하기 위해 필요한 많은 기본 시설들이 없기 때문에 많은 어린이들이 굶거나 영양실조의 상태이다. 예를 들어, 이러한 나라 중 많은 곳에서, 가난한 가정의 아이들은 수질 관리 시설이나 대형 슈퍼마켓 같은 기반 시설로의 접근을 위해 돈을 지불할 수 없어서, 그들은 정기적으로 깨끗한 음식과 물을 얻기 위해 고투한다. 따라서, 사회의 모든 기본적인 서비스에 접근하기 위해서는 돈이 요구되기 때문에 널리 퍼진 가난이 아이들 사이의 기아와 굶주림 같은 문제의 근본적인 원인임이 분명하다.

이 문제를 해결하기 위해서, 저개발국가에서 어린이들의 삶의 수준을 높이기 위해서는 세계적인 협력이 필요하기 때문에 선진국의 지도자들은 세계의 빈곤을 없애기 위해 노력해야 한다. 예를 들면, 미국은 매년 저개발 지역으로 밀을 주기적으로 배에 실어 보낸다. 많은 전문가들은 이것이 영양실조 같은 문제를 줄임으로써 기아를 극복하고 건강 수준을 높이는 데 도움을 준다고 생각한다. 또한, 전 세계의 나라들은 빈곤 국가에 트랙터와 같은 기계들을 공급해서 그들이 식량 생산을 늘릴 수 있도록 해준다. 현실에서, 가난한 국가들에 이 원조를 주는 것은 지역주민들이 그들의 음식을 경작하고 수확하는 방법을 배우도록 도와서 미래에는 도움이 덜 필요할 것이다. 예시들이 명확히 보여주는 것처럼, 만약 모든 나라가 협력하면, 우리가 이 문제를 해결할 수 있다는 것은 틀림없다.

결론적으로, 가난은 현대 사회의 대부분의 아이들에게 영향을 미치는 심각한 문제이지만, 이 문제를 바로잡기 위해 많은 것들이 실행되고 있다는 것은 명백하다. 만약 세계 모든 나라들이 협력한다면, 우리는 사람들의 삶에 큰 변화를 만들어 낼 수 있을 것으로 보인다. 만약 이런 노력들이 계속된다면, 조만간 가난은 과거의 문제가 될 것이다.

어휘   **affect** 영향을 미치다   **face** 직면하다   **life-threatening** 생명을 위협하는   **developing country** 개발도상국   **starve** 굶주리다   **malnourished** 영양 실조   **water sanitation plants** 수질 관리 시설   **global collaboration** 국제적인 협력   **undeveloped country** 미개발국가, 가난한 국가   **aid** 지원, 원조   **periodic shipment** 주기적인 선적   **fight** 맞서 싸우다   **hunger** 기아   **malnutrition** 영양 실조   **food production** 식량 생산   **work together** 협력하다   **fix** 바로잡다

Jen 선생님이 알려주는 점수보장 TIP

<출제 경향 파악하기>

IELTS WRITING 시험에는 나왔던 기출문제들이 반복적으로 출제되는 경우가 많지 않습니다. '실력'보다는 '운'으로만 점수를 얻는 것은 불가능하지만, 그만큼 분별력이 있는 좋은 시험입니다. 시험에서는 이번 테스트의 주제처럼, 현대사회에서 이슈가 되고 있는 것들에 대한 다양한 논제가 제시되기 때문에, 교재에 수록되어있는 주제들 뿐만 아니라 평소에 신문이나 방송을 통해서 다양한 이슈들에 관심을 가지는 것도 시험 준비에 도움이 됩니다.

www.goHackers.com

스타 IELTS 실전 WRITING

Actual Test 09

TASK 1
모범 답안·해석

TASK 2
모범 답안·해석

TASK 1 실내 배치도

■ Question

You should spend about 20 minutes on this task. 이 문제에는 약 20분을 소비해야 한다.

> **The diagrams below show two hostel rooms that can be occupied by several people.**
>
> **Summarise the information by selecting and reporting the main features, and make comparisons where relevant.**
>
> 아래 그림은 여러 사람이 사용할 수 있는 호스텔 방 두 개를 보여준다.
> 주요 특징들을 선택하고 보고함으로써 정보를 요약하고, 관련 있는 곳에 비교를 하시오.

Write at least 150 words. 최소 150단어를 쓰시오.

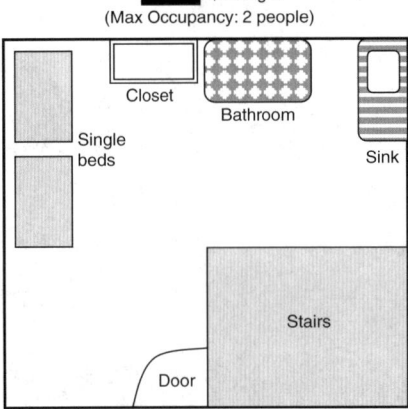
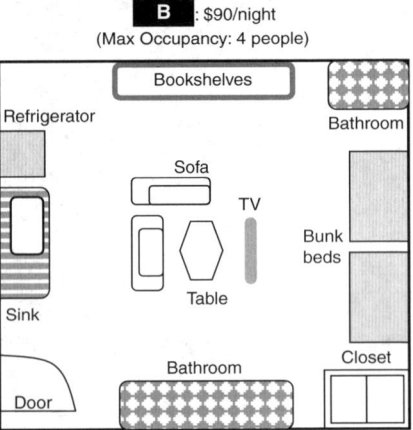

■ 모범 답안

그림 소개	**The diagrams show** the layouts and prices of two hostel rooms, and the accommodation fees are listed in dollars.
본론 1	Room A is a two-person room that costs $50 per night, and Room B is a four-person room with an accommodation fee of $90 per night. Beyond the prices of the rooms, **it is clear that the layouts of** the rooms **have several differences.** There are two single beds on the upper-left side of the two-person room, and on the opposite side of the beds, there is a sink. Between the beds and the sink, there is a bathroom and a closet next to each other.

본론 2	In the four-person room, **it can be easily noticed that** there is some furniture like a sofa and bookshelf for convenience. In the middle of Room B, there is a TV, a small table, and a sofa. Also, a sink and refrigerator have been placed behind the sofa. **In addition,** a closet and a small bathroom are located on either side of the two bunk beds that are on the center-right side of the room. A slightly larger bathroom is next to that closet, and across the room from there, some bookshelves have been placed.
전체 경향	**By comparing** the two rooms, **it is clear that** Room A only has essential facilities like a bathroom and a sink, **but on the other hand,** Room B boasts various facilities and furniture including home appliances such as a TV and refrigerator.

해석   그림은 두 개의 호스텔 객실의 배치와 가격을 보여주고 있으며 숙박료는 달러로 기재되어 있다.

A방은 2인실로 하룻밤에 50달러, B방은 숙박료가 90달러인 4인실이다. 숙박료를 넘어 방들의 배치에는 몇 가지 차이가 있는 것이 분명하다. 두 개의 1인용 침대가 2인실 왼쪽 상단에 있고, 그 침대의 반대편에는 싱크대가 있다. 침대와 싱크대 사이에는 욕실과 벽장이 나란히 있다.

4인실에는 편의를 위해 소파나 책꽂이 같은 몇 가지 가구가 있는 것을 쉽게 알 수 있다. B방의 한가운데에는 TV, 작은 테이블, 그리고 소파가 놓여 있다. 또한, 소파 뒤에는 싱크대와 냉장고가 놓여 있다. 게다가, 방 중앙 우측 2층 침대 양쪽에 벽장과 작은 욕실이 자리 잡고 있다. 그 옷장 옆에는 조금 더 큰 화장실이 있고, 거기로부터 방 건너편에는 책꽂이가 놓여 있다.

두 방을 비교해 보면 A방은 욕실, 싱크대 등 필수 시설만 갖춰져 있는 것이 분명하지만, 반면 B방은 TV와 냉장고 등 가전제품 등 다양한 시설과 가구를 자랑한다.

어휘   accommodation fee 숙박료   two-person room 2인실   four-person room 4인실   behind ~ 뒤에   upper-left side 왼쪽 상단   center-right side 우측 중앙   essential facility 필수 설비/시설   home appliance 가정용 전자제품   boast 뽐내다, 자랑하다

Jen 선생님이 알려주는 점수보장 TIP

<출제 빈도가 낮은 문제 유형도 대비하기>

TASK 1의 다양한 유형들 중, 지도 문제는 과정을 묘사하는 문제와 더불어 출제 빈도가 낮은 유형에 속합니다. 그러다 보니, 학습을 소홀히 하여 실전에서 해당 문제를 접했을 경우, 당황하거나 적절한 답안을 작성하지 못하는 경우가 많습니다. 출제 빈도가 낮은 문제들까지도 철저하게 대비해야만 최소한의 시험 응시로 안정권의 점수대에 도달할 수 있습니다.

TASK 2 전자기기 교체

■ Question

You should spend about 40 minutes on this task. 이 문제에는 약 40분을 소비해야 한다.

Write about the following topic. 다음 주제에 대하여 글을 쓰시오.

> **Some experts are concerned that people in modern society change their electronic devices when not necessary.**
>
> **Why is this phenomenon occurring? Explain if this has a positive or negative effect on society.**
>
> 몇몇 전문가들은 현대사회의 사람들이 필요하지 않을 때 그들의 전자기기를 바꾸는 것에 대해 우려한다.
> 왜 이런 현상이 일어나고 있는가? 이것이 사회에 긍정적 또는 부정적 영향을 미치는지 서술하시오.

Give reasons for your answer and include any relevant examples from your own knowledge or experience. 당신의 답안에 대한 이유를 제시하고, 당신의 지식 또는 경험에 근거한 관련 예시를 포함하시오.

Write at least 250 words. 최소 250단어를 쓰시오.

■ 모범 답안

서론	**As** electronic devices become more popular, people have started to change their devices more often. **There are various reasons for** this, **and this phenomenon also has many effects on** society.
본론 1	As electronic devices become a more important part of life, people are changing their devices more often because of social trends. **These days, many people believe that** their electronic devices should be the newest smartphones **because** they believe that they have to keep up with the latest trends. **For example**, in America, many people buy the newest Apple products even if they have an older version of the same product. **This** is to show other people that they are able to follow modern trends. **Therefore, it is clear** why people are changing their electronic devices more often these days.
본론 2	**However**, this can have negative effects on society. **In particular**, one negative effect is the fact that the old devices are usually not recycled, so they end up polluting the environment. **For example**, in China, many waste dumps are filled with old electronic devices that no longer function. These useless parts are heated using dangerous methods to extract valuable metals such as gold and silver. **When** these parts are heated, they release harmful gases that harm people and the environment. Because people are changing their electronic devices more often, this problem is becoming bigger. **Therefore, it is clear that** changing our electronic devices too often can have negative effects on the environment.

| 결론 | **In conclusion**, in everyday lives, people often think about the need to follow trends. **However, it is also important to recognize that** changing our electronic devices too often has negative effects on the environment. Instead of changing devices to follow trends, people should change their devices only when necessary in order to minimize damage to the environment. |

해석   전자기기들의 인기가 더 많아지면서, 사람들은 그들의 기기를 더 자주 바꾸기 시작했다. 이것에 관한 다양한 이유들이 있고, 이 현상은 또한 사회에 많은 영향을 미치고 있다.

전자기기들이 삶에 더 중요한 부분이 되면서, 사람들은 유행 때문에 그들의 기기들을 더 자주 바꾸고 있다. 요즘, 많은 사람들은 최신 유행에 대해 알아야 한다고 생각하기 때문에 그들의 전자기기들이 최신 스마트폰이어야 한다고 생각한다. 예를 들어, 미국에서는, 많은 사람들이 같은 제품의 이전 버전을 가지고 있음에도 불구하고 신규 애플 제품을 산다. 이것은 다른 이들에게 그들이 현대의 유행을 따를 수 있다는 것을 보여주기 위함이다. 따라서, 왜 사람들이 요즘 그들의 전자기기들을 더 자주 바꾸고 있는지가 명백하다.

하지만, 이것은 사회에 부정적인 영향을 미칠 수 있다. 특히, 한가지 부정적인 영향은 오래된 기기들은 보통 재활용 되지 않아서, 그것들은 결국 환경을 오염시키게 된다. 예를 들어, 중국에서는, 많은 쓰레기 폐기장이 더 이상 작동하지 않는 낡은 전자기기들로 꽉 차있다. 이런 불필요한 부품들은 금이나 은 같은 금전적 가치가 있는 금속 물질을 추출하기 위해 위험한 방법들을 이용하여 가열된다. 이 부분들이 가열될 때, 그것들은 사람들과 환경을 해치는 해로운 기체를 배출한다. 사람들이 그들의 전자기기를 더 자주 바꾸고 있기 때문에, 이 문제는 더 커지고 있다. 따라서, 우리의 전자기기들을 너무 자주 바꾸는 것이 환경에 부정적인 영향을 미칠 수 있다는 것은 명백하다.

결론적으로, 매일의 삶 속에서, 사람들은 유행을 따를 필요에 대한 생각을 자주 한다. 하지만, 우리의 전자기기를 너무 자주 바꾸는 것이 환경에 부정적인 영향을 미친다는 것을 깨닫는 것 또한 중요하다. 유행을 따르기 위해 기기를 바꾸기보다는, 사람들은 환경의 손상을 최소화하기 위해서 꼭 필요할 때만 그들의 기기를 바꿔야 한다.

어휘   **electronic device** 전자기기   **phenomenon** 현상   **social trend** 유행, 사회적 경향   **even if** ~에도 불구하고   **older version** 이전 버전   **keep up with** ~에 대해 알다   **follow** 따르다   **have effects on** ~에 영향을 미치다   **recycle** 재활용하다   **end up ~ing** 결국 ~하게 되다   **waste dump** 쓰레기 폐기장   **be filled with** ~로 채워지다   **function** 기능하다   **release** 배출하다   **minimize** 최소화하다   **damage** 손상, 피해

Jen 선생님이 알려주는 점수보장 TIP

<문제의 요구사항 충족시키기>

문제에서 두 개의 질문을 던졌으니, 각각의 질문을 본문에서 하나씩 논의하는 것이 좋습니다. 둘 중 한 개의 질문에만 답변을 하고, 나머지 하나의 질문에 대한 논의가 없으면 답안의 내용 구성 면에서 감점을 받습니다. 문제를 주의 깊게 읽고, 요구하는 사항들에 대해서 충분히 논의할 수 있도록 연습해보세요.

www.goHackers.com

스타 IELTS 실전 WRITING

Actual Test 10

TASK 1
모범 답안·해석

TASK 2
모범 답안·해석

TASK 1 도시의 모습 변화

Question

You should spend about 20 minutes on this task. 이 문제에는 약 20분을 소비해야 한다.

> **The maps below show the city layout of Brisbane between 1975 and the current day.**
>
> **Summarise the information by selecting and reporting the main features, and make comparisons where relevant.**
>
> 아래 지도는 1975년과 현재 사이 브리즈번시의 배치도를 보여준다.
> 주요 특징들을 선택하고 보고함으로써 정보를 요약하고, 관련 있는 곳에 비교를 하시오.

Write at least 150 words. 최소 150단어를 쓰시오.

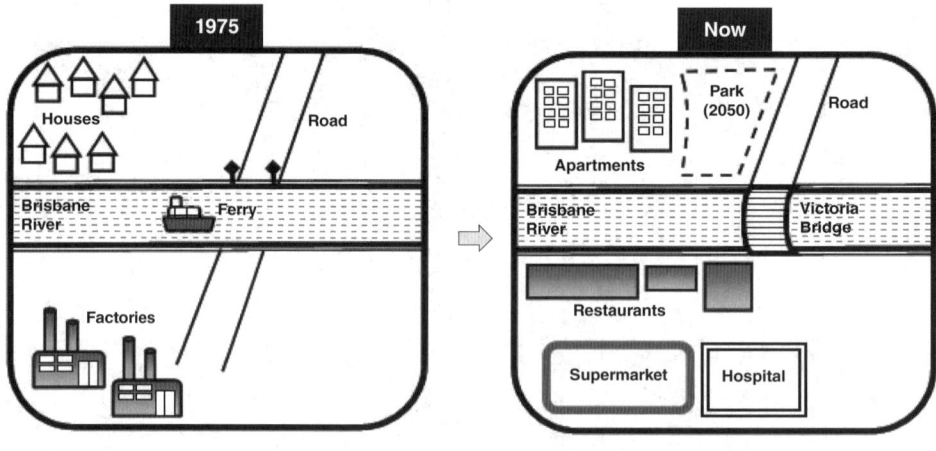

모범 답안

그림 소개	**The two diagrams show** the city layout of Brisbane and how it has changed between 1975 and the current day.
본론 1	**Before the development,** the layout of Brisbane **seems very simple and underdeveloped. The most noticeable feature of** the city **is** the Brisbane River, which freely runs from east to west through the center of the city. **On the** north **side of** the river, **there are** some single-family homes and a road that is connected to the south side of the town by a small ferry that travels across the river. **On the** southwest **side of** the city, two factories are located right next to each other.
본론 2	**By looking at the second diagram, it is clear that** the current city layout **has been completely redesigned.** The single-family homes have been converted into apartment buildings, and the factories have become **buildings for public use such as**

	restaurants, a supermarket, and a hospital. Also, the newly-constructed Victoria Bridge spans the river, so the ferry is no longer necessary. However, **the most anticipated change is** the city park, which is located on the north side of the city and will be opened in 2050.
전체 경향	**Overall, it is evident that** this city **has undergone several developments along with improvements to** its social infrastructure **which includes the construction of** new buildings and road and bridge upgrades.

해석   두 개의 그림은 브리즈번시의 배치도와 어떻게 그 도시가 1975년과 현재 사이 바뀌었는지를 보여준다.

개발 전에는 Brisbane의 배치도가 매우 단순하고 저개발상태인 듯하다. 도시의 가장 눈에 띄는 요소는 도심을 통과하여 동쪽에서부터 서쪽으로 유유히 흐르는 브리즈번강이다. 강의 북쪽에는, 연립주택들과 강을 가로질러 작은 배로 마을의 남쪽과 연결된 도로가 있다. 도시의 남서쪽에는 두 개의 공장이 서로 바로 옆에 위치되어 있다.

두 번째 그림을 보면, 현재의 도시 배치는 완전히 새롭게 디자인되었다. 단독 주택이 아파트 건물로 개조되었고, 공장들은 식당, 슈퍼마켓, 병원과 같은 공공의 사용을 위한 건물이 되었다. 또한, 새로 건설된 빅토리아 다리가 강을 가로질러서 페리는 더 이상 필요하지 않다. 그러나 가장 기대되는 변화는 도시의 북쪽에 위치해 있고 2050년에 개장할 도시공원이다.

전반적으로, 이 도시는 새로운 빌딩의 건설과 도로와 다리 개선을 포함한 사회 기반 시설의 향상과 함께 여러 발전을 겪었다.

어휘   **underdeveloped** 저개발의   **single-family homes** 단독 주택   **convert** 개조하다, 바꾸다   **public use** 공공의 사용
       newly-constructed 새로 건설된   **locate** 위치하다   **undergo** (변화를) 겪다   **social infrastructure** 사회 기반 시설   **upgrade** 개선

Jen 선생님이 알려주는 점수보장 TIP

<지도 문제의 특징 이해하기>

두 개 또는 세 개의 지도들을 비교하면서 변화를 보고해야 하는 유형의 경우, 새로운 시설이나 건물이 새로 생기거나 다른 건물로 대체되고, 또는 기존의 건물이 없어지기도 합니다. 새로운 것들이 생길 때는, build, develop, construct 등의 어휘를 활용할 수 있습니다. A라는 건물이 없어지고 B라는 건물이 대체되어 생겼을 경우에는 demolish나 replace/convert 같은 단어들로 해당 부분을 표현할 수 있습니다.

TASK 2 배심재판에 대한 권리

Question

You should spend about 40 minutes on this task. 이 문제에는 약 40분을 소비해야 한다.

Write about the following topic. 다음 주제에 대하여 글을 쓰시오.

> **Discuss the effects of a criminal's right to a trial by jury.**
> **Is this a positive or negative thing? How does this affect criminals and society?**
> 배심재판에 대한 범죄자의 권리의 영향을 논하시오.
> 이것은 긍정적인 것인가 또는 부정적인 것인가? 어떻게 이것이 범죄자들과 사회에 영향을 주는가?

Give reasons for your answer and include any relevant examples from your own knowledge or experience. 당신의 답안에 대한 이유를 제시하고, 당신의 지식 또는 경험에 근거한 관련 예시를 포함하시오.

Write at least 250 words. 최소 250단어를 쓰시오.

모범 답안

서론	**In many countries**, criminals who are accused of a crime have a right to defend themselves in a court of law before they are punished. **This is positive because** it prevents the government from having too much power. **Also**, giving ordinary citizens a role to play in the government has many positive effects on society.
본론 1	The right to a jury trial is positive **because** it helps to prevent the government from accusing an innocent citizen of a crime. **It is commonly known that** jury trials ensure that the government must give clear proof that a suspect is guilty of a crime. Since evidence of a crime must be shown to a jury, people accused of a crime have an opportunity to show that they are innocent. **For example**, in countries such as South Africa that do not require a jury trial in serious cases, the number of innocent convicts in the prison system is suspected to be higher than most other nations. **This shows that** a jury trial may help avoid convicting an innocent citizen of a crime.
본론 2	**Moreover**, jury trials have positive effects on society **because** they allow the public to be involved in the legal process. **This** is a good thing because it gives ordinary citizens an opportunity to see how the law affects their lives. **Many experts believe that** this encourages citizens to be active politically within the community. **For example**, countries that require jury trials have a higher voter turnout rate when there is an election for a government official such as the president. **This shows that** involving ordinary people in the legal process can have a positive effect on how people evaluate the role of law in society.

| 결론 | **Overall,** jury trials have positively affected society because they allow people accused of a crime to prove their innocence, and involving ordinary people in the legal process through jury participation increases civic responsibility in society. |

해석 　많은 나라들에서, 범죄에 기소된 범죄자들은 그들이 형벌을 받기 전 법정에서 그들 자신을 변호할 권리를 가진다. 이것은 정부가 너무 많은 권력을 가지는 것을 방지하기 때문에 긍정적이다. 또한, 일반 시민들에게 정부기관에서 하는 역할을 주는 것은 사회에 많은 긍정적 영향을 미친다.

　배심재판은 정부가 무고한 시민을 범죄로 기소하는 것을 방지하도록 도와주기 때문에 배심재판에 대한 권리는 긍정적이다. 배심재판은 정부가 범인이 유죄인 것의 확실한 증거를 제시해야 하도록 보장한다는 것은 흔히 알려져 있다. 범죄의 증거가 배심원에게 반드시 보여져야 하기 때문에, 범죄로 고발된 사람들은 그들이 무죄인 것을 보여줄 기회를 가진다. 예를 들어, 중대한 사건들에 있어서 배심재판을 요하지 않는 남아프리카와 같은 나라들은, 감옥에 있는 무고한 죄수들의 숫자가 대부분의 다른 나라들보다 더 높다고 의심된다. 이것은 배심재판이 무고한 시민들이 유죄 선고를 받는 것을 피하도록 도와줄 수도 있다는 것을 보여준다.

　게다가, 배심재판은 대중이 법적 절차에 참여할 수 있도록 하기 때문에 사회에 긍정적인 영향을 준다. 이것은 일반 시민들이 법이 그들의 삶에 어떻게 영향을 미치는지 볼 기회를 주기 때문에 좋은 현상이다. 많은 전문가들은 이것이 시민들이 지역사회 내에서 정치적으로 활발하게 활동하도록 장려한다고 생각한다. 예를 들어, 배심재판을 요구하는 국가들은 대통령 같은 정부 관료의 선거가 있을 때 높은 투표 참여율을 가진다. 이것은 법적 절차에 일반 사람들을 참여시키는 것이 사람들이 사회에서의 법의 역할을 어떻게 평가하는지에 대해 긍정적인 영향을 미칠 수 있음을 보여준다.

　전반적으로, 배심재판은 범죄로 기소된 사람들이 그들의 무죄를 입증하도록 해주기 때문에 사회에 긍정적으로 영향을 미쳤고, 일반 사람들이 배심원 참여를 통해 법적 절차에 참여하는 것은 사회에서 시민의 책임감을 증대시킨다.

어휘　**accuse** 기소하다, 고발하다　**right** 권리, 정당성　**a court of law** 법정, 법원　**positive** 긍정적인, 건설적인　**jury trial** 배심재판　**prevent** 방지하다　**proof** 증거　**guilty** 유죄의　**convict** 재소자; 유죄를 선고하다　**suspect** 의심하다　**be involved in** 참여하다　**legal process** 법적 절차　**politically** 정치적으로　**voter turnout** 투표율　**evaluate** 평가하다　**prove** 입증하다　**innocence** 무죄, 결백　**civic** 시민의

Jen 선생님이 알려주는 점수보장 TIP

<다양한 논리 구조로 개요 짜보기>

최소한의 시험 응시로 목표 점수를 받기 위해서는, 지금 학습하고 있는 모든 TASK 2 답안들을 다양한 관점에서 생각해 보아야 합니다. 예를 들면, 이번 테스트에서는 배심재판으로의 권리가 긍정적인지의 여부와 사회에 미치는 영향을 작성하기 위해 개요를 짜 보았지만, 해당 문제를 다음과 같은 질문에 적합하게 전개할 수도 있어야 합니다.

ex)
(1) In some countries, jury trials are not permitted. Discuss the problems that can be caused by justice systems that do not permit the right to have a jury trial and suggest a solution that could alleviate this issue. 몇몇 나라에서는 배심재판이 허용되지 않는다. 배심재판으로의 권리를 허용하지 않는 제도가 야기할 수도 있을 문제점과 그 문제점을 완화할 수 있는 해결책을 논하시오.

(2) Some experts assert that a jury trial should be permitted, but there are others who oppose this idea. Discuss both views and give your own opinion. 몇몇 전문가들은 배심재판이 허용되어야 한다고 주장하지만, 그렇지 않다고 주장하는 반대자들도 있다. 양쪽의 입장을 논하고, 당신의 의견을 제시하시오.

(3) In some countries, jury trials are not permitted. Do the advantages of a jury trial outweigh the disadvantages? 몇몇 나라에서는 배심재판이 허용되지 않는다. 배심 재판의 장점이 단점을 능가하는가?

www.goHackers.com

스타 IELTS 실전 WRITING

Actual Test 11

TASK 1
모범 답안·해석

TASK 2
모범 답안·해석

TASK 1 물 순환 과정

Question

You should spend about 20 minutes on this task. 이 문제에는 약 20분을 소비해야 한다.

> **The diagram below shows how water moves on land and in the ocean.**
>
> **Summarise the information by selecting and reporting the main features, and make comparisons where relevant.**
>
> 아래 그림은 물이 육지와 바다에서 어떻게 이동하는지를 보여준다.
> 주요 특징들을 선택하고 보고함으로써 정보를 요약하고, 관련 있는 곳에 비교를 하시오.

Write at least 150 words. 최소 150단어를 쓰시오.

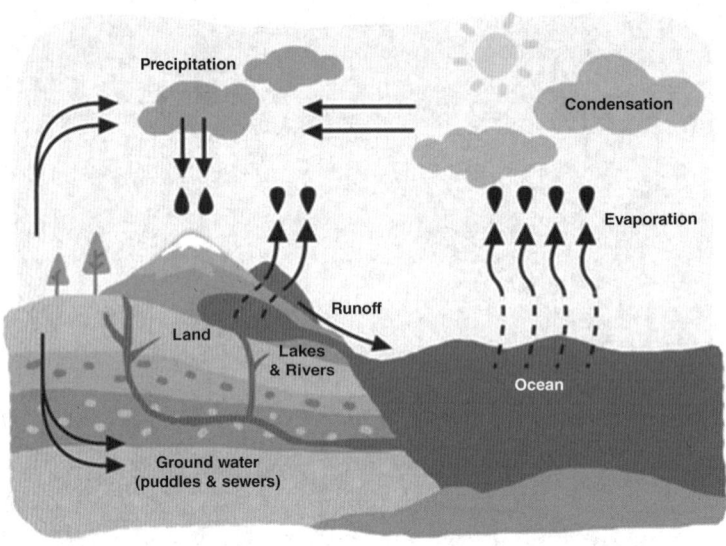

모범 답안

차트 소개	The diagram shows all the steps in the water cycle, and it divides this process into a total of five steps.
본론 1	The process begins when the sun causes water to evaporate into the air. As the water rises into the atmosphere, water droplets form in clouds. After the process of condensation has been completed, the water falls back to the ground in the form of precipitation like snow and rain.
본론 2	Now that the water has fallen, it gathers on the ground in puddles and sewers. There are two things that can happen to this runoff water. It could be evaporated into the

	air by the sun. **If this does not occur**, the runoff water will travel to the ocean. **Finally**, from the ocean, the water is evaporated by the sun, and the process begins again.
전체 경향	**In summary, it is clear that** the water cycle is the process in which water travels in the atmosphere and then repeatedly falls as precipitation.

해석   이 그림은 물 순환의 모든 단계들을 보여주고, 이 과정을 총 다섯 개의 단계로 나눈다.

과정은 태양이 물을 대기로 증발시킬 때 시작한다. 물이 대기로 올라가면서, 작은 물방울들이 구름 속에 형성된다. 응결의 과정이 완료된 후, 물은 눈과 비와 같은 침전물의 형태로 육지로 다시 떨어진다.

물이 (육지로) 떨어졌으니, 그것은 땅의 물웅덩이와 하수관에 고인다. 이 유출수에 일어날 수 있는 두 가지 것들이 있다. 그것은 태양에 의해 대기로 증발될 수 있다. 만일 이것(증발)이 발생하지 않으면, 유출수는 바다로 이동할 것이다. 마지막으로, 바다에서부터, 태양에 의해 물이 증발되고, 과정은 다시 시작한다.

요약하면, 물 순환은 물이 대기에서 이동하고, 그 후 침전물로써 반복적으로 내려오는 과정인 것이 명백하다.

어휘   **evaporate** 증발시키다   **atmosphere** 대기   **water droplets** 작은 물방울   **condensation** 응결   **ground** 육지, 땅   **precipitation** 침전물   **puddle** 물웅덩이   **sewer** 하수관   **runoff water** 유출수   **repeatedly** 반복적으로

Jen 선생님이 알려주는 점수보장 TIP

<좀더 서술적인 문장 써보기 1>

본 교재는 학습자들이 쉽게 따라 할 수 있는 모범 답안을 수록해서 7점 대의 고득점을 공략할 수 있도록 하고 있지만, 혹시 만점에 가까운 점수를 원한다면 문장을 좀더 서술적으로 써야 합니다. 물의 순환 과정 그림을 다음과 같이 '소개'할 수도 있지요!

ex) The diagram shows all the steps in the water cycle, which involve several interactions between natural elements such as oceans and rivers as well as land-based phenomena that culminate in weather events such as rain. 이 그림은 비 같은 기상 현상에 이르는 육지의 현상들 뿐만 아니라 바다나 강과 같은 자연 요소들 사이의 여러 상호작용을 수반하는 물 순환의 모든 단계들을 보여준다.

TASK 2 컴퓨터의 발달 vs. 교사의 역할

■ Question

You should spend about 40 minutes on this task. 이 문제에는 약 40분을 소비해야 한다.

Write about the following topic. 다음 주제에 대하여 글을 쓰시오.

> **Some people say that the extensive use of computers in schools will replace the role of teachers.**
>
> **To what extent do you agree or disagree?**
>
> 몇몇 사람들은 학교에서의 광범위한 컴퓨터 사용이 교사의 역할을 대체할 것이라고 말한다.
> 당신은 어느 정도까지 동의하는가 또는 동의하지 않는가?

Give reasons for your answer and include any relevant examples from your own knowledge or experience. 당신의 답안에 대한 이유를 제시하고, 당신의 지식 또는 경험에 근거한 관련 예시를 포함하시오.

Write at least 250 words. 최소 250단어를 쓰시오.

■ 모범 답안

서론	Computers are now used in schools to perform many tasks that teachers had to do themselves. **Because of this, many people believe that** the role of teachers will decline. **However, this idea fails to consider that** computers help teachers work productively, so I believe that computers also give them benefits.
본론 1	**Firstly**, even though computers can perform many school-related tasks, teachers are still necessary **because** they provide students with more than just information. Even though computers can provide information, teachers are needed to explain this information to students. **Most importantly**, it is a teacher's job to show students how to apply information to particular situations in a useful way. **In fact**, computers provide too much information, so students might become confused since it is hard to organize information without a teacher. **This shows that** computers make the role of teachers become more important.
본론 2	**Moreover**, computers can actually help teachers work more efficiently. **It is well-known that** before computers were invented, all work had to be done manually. **For example**, all office work took a lot of time to complete because teachers did the work by hand. **However**, by using computers, teachers can finish administrative work in less time, so they have more time to teach students. **For this reason**, computers have made the education process more efficient, and the use of computers has many positive effects on education. **Therefore**, the role of computers in schools is helpful for teachers.

| 결론 | In conclusion, it is clear that computers complement the work that teachers do. For this reason, I think that computers will not replace the role of teachers. |

해석   오늘날, 컴퓨터는 교사들이 그들 스스로 해야 했던 많은 업무들을 하기 위해 학교에서 사용된다. 이것 때문에, 많은 사람들은 교사들의 역할이 줄어들 것이라고 생각한다. 그러나, 이 생각은 컴퓨터가 교사들이 생산적으로 일하도록 돕는다는 것을 고려하지는 못해서, 나는 컴퓨터가 교사들에게 이득도 준다고 생각한다.

먼저, 컴퓨터가 학교와 관련된 많은 업무들을 해낼 수는 있지만, 교사들은 학생들에게 단순 정보 이상을 제공하기 때문에 그들은 여전히 필요하다. 컴퓨터가 정보를 제공할 수는 있지만, 교사들은 학생들에게 이 정보를 설명하기 위해서 필요하다. 무엇보다도, 학생들에게 특정 상황에 정보를 유용한 방식으로 적용하는 방법을 보여주는 것은 바로 교사의 일이다. 실제로, 컴퓨터는 너무 많은 정보를 제공해서, 교사 없이 정보를 정리하는 것은 어렵기 때문에 학생들은 혼란스러울 수도 있다. 이것은 컴퓨터가 교사들의 역할을 더 중요해 지게 만든다는 것을 보여준다.

게다가, 컴퓨터는 실질적으로 교사들이 더 효율적으로 일하도록 도울 수 있다. 컴퓨터가 발명되기 전에는 모든 일이 수동으로 진행되어야 했다는 것은 잘 알려져 있다. 예를 들어, 교사들이 모든 사무 업무를 직접 했기 때문에 완료하기에 많은 시간이 걸렸다. 그러나, 컴퓨터를 사용함으로써, 교사들은 행정 업무를 더 적은 시간 안에 끝낼 수 있어서, 그들은 학생들을 가르칠 시간이 더 많다. 이러한 이유로, 컴퓨터는 교육 과정을 더 효율적으로 만들었고, 컴퓨터의 사용은 교육에 많은 긍정적인 영향을 미친다. 따라서, 학교에서 컴퓨터의 역할은 교사들에게 도움이 된다.

결론적으로, 컴퓨터는 교사들이 하는 일을 보완한다는 것은 명백하다. 이러한 이유로, 나는 컴퓨터가 교사들의 역할을 대체하지 않을 것이라고 생각한다.

어휘   **perform** (업무를) 행하다, 해내다   **productively** 생산적으로   **school-related task** 학교 관련 업무   **particular** 특정한   **useful** 유용한   **efficiently** 효율적으로   **manually** 수동으로   **office work** 사무 업무   **by hand** 직접, 스스로   **administrative work** 행정업무   **complement** 보완하다   **replace** 대체하다

Jen 선생님이 알려주는 점수보장 TIP

< 분량보다는 글의 내용에 신경쓰기 >

억지로 분량만 채우기 위해서 많은 분량으로 두서없이 쓴 글보다는, 분량이 다소 부족하더라도, 문법의 정확성과 논리 전개의 명확성을 신경 쓰면서 완성한 글이 더 높은 점수를 받습니다. 글자 수 부족에 대한 감점을 감수하면서 안정권의 점수를 공략한 전략이지요. 목표 점수가 8점 이상이라면 글자 수를 300단어 정도로 넉넉히 잡고, 모든 문단의 논점을 조금 더 깊이 있고 설명적으로 전개해야 하겠지만, 안정권의 점수가 목표라면, 분량보다는 문법 실수를 줄이는 것과 논리 전개의 명확성에 더 신경 써야 합니다.

www.goHackers.com

스타 IELTS 실전 WRITING

Actual Test 12

TASK 1
모범 답안·해석

TASK 2
모범 답안·해석

TASK 1 신문 재활용 과정

Question

You should spend about 20 minutes on this task. 이 문제에는 약 20분을 소비해야 한다.

> **The diagram below shows how newspapers are recycled.**
>
> **Summarise the information by selecting and reporting the main features, and make comparisons where relevant.**
>
> 아래 그림은 신문이 어떻게 재활용되는지를 보여준다.
> 주요 특징들을 선택하고 보고함으로써 정보를 요약하고, 관련 있는 곳에 비교를 하시오.

Write at least 150 words. 최소 150단어를 쓰시오.

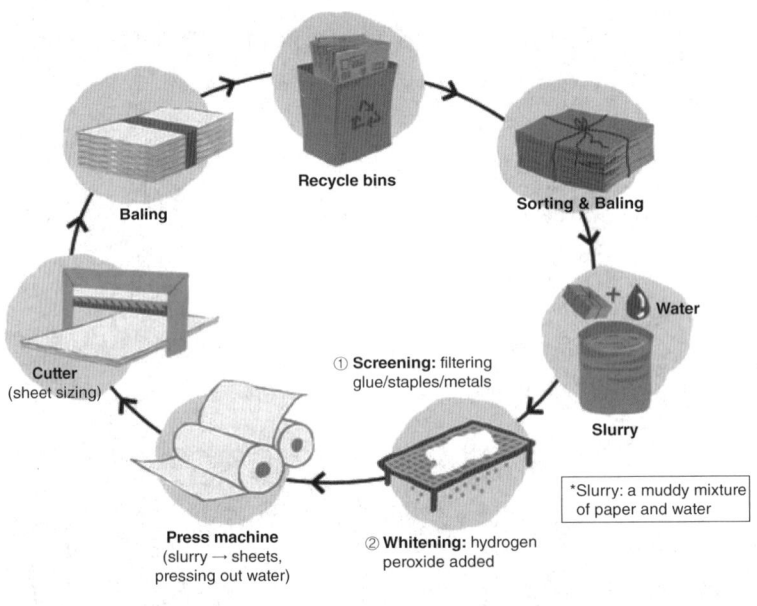

모범 답안

차트 소개	**The diagram shows the process of** recycling newspapers, **which includes** several steps and complex machinery.
본론 1	**Firstly, the recycling of** newspapers **begins when** newspapers that have been deposited in specially marked recycle bins are taken and delivered to a sorting facility. **Once there,** the papers are baled into heaps and shipped to a processor. **After the** sorting **stage,** water is mixed with the paper to form a mixture called a slurry.

본론 2	Screens are **then** utilized to remove contaminants such as glue, staples and other metals. **Upon reaching this stage**, a chemical called hydrogen peroxide is added to whiten the color of the slurry. **After this**, the familiar newspaper shape is regained as a press machine forms the slurry into sheets and squeezes out excess water. **Lastly**, the large sheets are sized by a cutter, and the paper is baled once again much like the beginning of the process.
전체 경향	**Overall**, recycling paper products such as newspapers **includes steps that involve** heavy machinery and chemicals.

해석 이 그림은 여러 단계와 복잡한 기계를 포함한 신문을 재활용하는 과정을 보여준다.

먼저, 신문의 재활용은 특별히 표시된 재활용 쓰레기 통에 놓여진 신문들이 수거되고 분류 시설로 배달될 때 시작한다. 그곳에 가면, 종이들이 대량 꾸러미로 만들어지고, 가공업자에게 보내진다. 분류 단계 후, 슬러리(slurry)라고 불리는 혼합물을 형성하기 위해서 물이 종이와 섞인다.

그리고 나면 풀, 스테이플, 그리고 다른 금속들과 같은 오염 물질들을 제거하기 위해서 체가 활용된다. 이 단계에 도달하면, 슬러리를 표백하기 위해 과산화수소라 불리는 화학 물질이 첨가된다. 이 후, 압축 기계가 슬러리를 종이로 형성하고 과잉 수분을 짜내면서 익숙한 신문 모양으로 되돌아간다. 마지막으로, 큰 종이들이 절단기에 의해 크기가 잡히고, 종이는 과정의 첫 단계와 거의 같게 다시 한번 꾸러미로 만들어진다.

전반적으로, 신문과 같은 종이 제품을 재활용하는 것은 중장비와 화학 약품을 포함하는 단계들을 수반한다.

어휘 machinery 기계 deposit 놓다 deliver 배달하다 sorting facility 분류시설 bale 꾸러미로 만들다 ship 보내다, 수송하다
slurry (물과 진흙, 흙, 석회 등을 섞은) 걸쭉한 물질, 이장 screen 체 utilize 활용하다 contaminant 오염 물질 hydrogen peroxide 과산화수소
whiten 표백하다 familiar 익숙한 squeeze 짜다, 압착하다 excess 과잉의, 초과한

Jen 선생님이 알려주는 점수보장 TIP

<좀더 서술적인 문장 써보기 2>

시험 준비 기간을 장기적으로 두고 만점에 가까운 점수를 목표로 한다면 더 서술적인 문장을 시도해보세요. 신문 재활용 그림의 '전체 경향'은 다음과 같이 쓸 수도 있습니다.

ex) Overall, recycling paper products such as newspapers includes steps that involve heavy machinery and chemicals as well as changing the physical characteristics of the product using water and other tools like screens. 전반적으로, 신문과 같은 종이 제품을 재활용하는 것은 물과 체와 같은 도구를 사용해서 제품의 물리적 특성을 바꾸는 것 뿐만 아니라 중장비와 화학 약품을 포함한다.

그러나, 문장에 너무 많은 내용을 담으려다 오히려 더 많은 문법과 단어 선택 실수를 범하는 학습자들은 본 교재에서 제시하는 간결한 문체를 추구하는 것이 좋습니다.

TASK 2 동물 실험

Question

You should spend about 40 minutes on this task. 이 문제에는 약 40분을 소비해야 한다.

Write about the following topic. 다음 주제에 대하여 글을 쓰시오.

> **Animal testing has a positive impact on scientific research, but it can have a negative effect on animals and lead to financial waste.**
>
> **Discuss the advantages and disadvantages of animal experimentation.**
>
> 동물 실험은 과학 연구에 긍정적인 영향을 미치지만, 동물들에게 부정적인 영향을 미치고 재정적인 낭비를 초래할 수 있다. 동물 실험의 장점과 단점을 논하시오.

Give reasons for your answer and include any relevant examples from your own knowledge or experience. 당신의 답안에 대한 이유를 제시하고, 당신의 지식 또는 경험에 근거한 관련 예시를 포함하시오.

Write at least 250 words. 최소 250단어를 쓰시오.

모범 답안

서론	**It is important to acknowledge that** animal testing has many pros and cons related to ethics and scientific research. **There are positive aspects such as** medical innovations that have helped to increase the quality of life. **However, there are also negative aspects such as** the unethical treatment of animals and financial waste in the experimentation process. **When evaluating this issue, it is important to clearly understand both** the risks to animals **and** the benefits to society.
본론 1	**These days,** animal experimentation has become essential **because** it allows researchers to discover more reliable treatments based on experimental data. **For example,** in the process of developing new vaccines for diseases like COVID-19, animal testing was an important first step that determined the drug's effectiveness in human patients. **In this case,** animal testing helped scientists to gather more concrete data about the vaccine's potential health benefits and risks. Even though some animals were harmed to obtain this reliable data, the possibility of creating a vaccine to heal sick patients around the world had to be a top priority at that time. **Therefore,** even if researchers have to experiment on animals, it is clear that the potential benefits are enormous.
본론 2	**However,** the ethical and financial disadvantages of animal experimentation **cannot be overlooked. For example,** in some less urgent cases, makeup manufacturers use animals to experiment with dangerous chemicals in order to make new products. Because this can harm animals needlessly, many people believe that animal testing is ethically wrong in non-essential cases. **Also,** people who criticize animal testing

	point out that it is very expensive. **According to** People for Ethical Treatment of Animals (PETA), the United States spent 16 billion dollars to conduct unsuccessful experiments on animals, and much of this research led to no useful data collection and no meaningful results. **Therefore, it is evident that** not all experimentation on animals should be supported.
결론	**In conclusion, due to the fact that** experimenting with animals can have positive effects on human health when developing essential vaccines, **it is necessary to permit** animal testing in urgent cases. However, scientists need to be careful how they conduct their experiments to guarantee that animals are treated respectfully. **Thus,** animal testing **is acceptable if** it aims to help humans make new vaccines. However, hurting animals for non-essential reasons **should be strongly prohibited**.

해석 동물 실험이 윤리와 과학적 연구 관련하여 많은 장단점을 가지고 있다는 것을 인식하는 것은 중요하다. 삶의 질을 높이는 것을 도와온 의료 혁신 같은 긍정적인 측면들이 있다. 그러나, 실험 과정에 있어서 동물에 대한 비윤리적 대우와 재정 낭비와 같은 부정적인 측면들 또한 있다. 이 문제를 평가할 때, 동물에 대한 위험성과 사회에 대한 이점 모두를 명확히 이해하는 것이 중요하다.

오늘날, 동물 실험은 연구원들이 실험 데이터에 기초한 더 신뢰할 만한 치료법을 발견할 수 있게 해주기 때문에 필수가 되었다. 예를 들어, COVID-19 같은 질병에 대한 새로운 백신을 개발하는 과정에서, 동물 실험은 인간 환자에게 있어 이 약의 효과를 결정하는 중요한 첫 단계였다. 이 경우, 동물 실험은 과학자들이 백신의 잠재적인 건강상 이익과 위험에 대한 더 구체적인 자료를 수집하는 것을 도왔다. 비록 몇몇 동물들이 이 믿을 만한 자료를 얻기 위해 해를 입었지만, 전 세계적으로 아픈 환자들을 치료하기 위한 백신을 만들 가능성이 그 당시에는 최우선 사항이었다. 따라서, 비록 연구원들이 동물 실험을 해야 한다고 하더라도, 잠재적인 이득은 막대하다는 것은 분명하다.

그러나, 동물 실험의 윤리적, 재정적 단점은 간과될 수 없다. 예를 들어, 몇몇 덜 급한 사례로, 화장품 제조업자들은 새로운 제품을 만들기 위해 위험한 화학물질을 실험하기 위해 동물을 이용한다. 이것은 동물들을 불필요하게 해칠 수 있기 때문에, 많은 사람들은 동물 실험이 꼭 필요하지는 않은 경우에 윤리적으로 잘못되었다고 생각한다. 또한, 동물 실험을 비판하는 사람들은 그것이 매우 비용이 많이 든다고 지적한다. PETA (동물의 윤리적인 대우를 바라는 사람들)에 따르면, 미국은 동물에 성공하지도 못한 실험을 하기 위해 160억 달러를 썼고, 이 연구의 대부분은 유용한 데이터 수집도 없었고, 의미 있는 결과도 없었다. 따라서, 동물에 대한 모든 실험이 지지되어야 하는 것은 아니라는 것은 명백하다.

결론적으로, 필수 백신을 개발할 때 동물 실험이 인간의 건강에 긍정적인 영향을 미칠 수 있다는 사실 때문에, 긴급한 경우에 동물 실험을 허용할 필요가 있다. 하지만, 과학자들은 동물들이 존중하는 태도로 대우 되는지를 확실히 하기 위해 어떻게 그들이 실험을 시행하는지 주의할 필요가 있다. 그러므로, 동물 실험은 인간이 새로운 백신을 만드는 것을 돕는 것을 목표로 한다면 허용할 수 있다. 하지만, 꼭 필요하지는 않은 이유로 동물들을 해치는 것은 강력히 금지되어야 한다.

어휘 innovation 혁신 experimentation 실험 reliable treatment 신뢰할 만한 치료법 new vaccine 새로운 백신 concrete data 구체적인 자료 ethical 윤리적인 needlessly 불필요하게 non-essential 꼭 필요하지는 않은 criticize 비판하다 acceptable 허용할 수 있는 strongly prohibit 강력히 금지하다

Jen 선생님이 알려주는 점수보장 TIP

<충분히 설명하기 2>

[동물 실험] 모범답안처럼 공식 기준보다 많은 350단어 이상의 분량으로 답안을 완성할 경우, 문법, 어휘, 그리고 논리 전반의 내공이 짧은 답안을 완성할 때보다 더 많이 필요하고, 철저한 답안작성 연습 또한 필수입니다. 교재에 수록된 SELF-CHECK LIST로 여러분의 글을 점검하고 모범 답안과 비교하면서 학습하고 있나요? 실제 시험 상황에서는 제한 시간이 있기 때문에, 긴장감 있게 주제에서 벗어나지 않은 답안을 완성해내야 합니다. 따라서, 제한 시간이 없는 상황에서 모범 답안뿐만 아니라 여러분이 쓴 글을 다시 읽어보면서 분석하고 개선점을 찾는 과정은 WRITING 실력 향상에 있어서 필수적인 학습 과정입니다.

www.goHackers.com

스타 IELTS 실전 WRITING

Actual Test 13

TASK 1
모범 답안·해석

TASK 2
모범 답안·해석

TASK 1 마트 이용 설문조사

Question

You should spend about 20 minutes on this task. 이 문제에는 약 20분을 소비해야 한다.

> The table below shows the results of a survey asking US consumers about shopping at K-Mart.
>
> Summarise the information by selecting and reporting the main features, and make comparisons where relevant.
>
> 아래 표는 K마트에서 쇼핑하는 것에 대해 미국 소비자들에게 질문한 설문 결과를 보여준다.
> 주요 특징들을 선택하고 보고함으로써 정보를 요약하고, 관련 있는 곳에 비교를 하시오.

Write at least 150 words. 최소 150단어를 쓰시오.

Survey Response

Reason	Male	Female	Avg.
Friendly staff	7 %	8 %	7.5 %
Good prices	15 %	17 %	16.0 %
Close to home	30 %	20 %	25.0 %
Parking	17 %	19 %	18.0 %
Good reputation	18 %	27 %	22.5 %
24-hour service	2 %	0 %	1.0 %
Others	11 %	9 %	10.0 %

모범 답안

차트 소개	**The table gives reasons why** men and women shopped at K-Mart.
본론 1	**One of the first things to note is that** a disproportionate percentage of males preferred K-Mart because it was close to their home. **This figure was** 30% among males and only 20% among females. **On the other hand**, the store's reputation was more important to females than males since it was chosen by 27% of females and 18% of males. **These are** the largest differences based on gender that are shown in this chart.
본론 2	**It is noteworthy that** 24-hour service and friendly staff were not common responses. **As the figures clearly show, these reasons** accounted for an average of 1% and 7.5% of all shoppers, respectively. **The data also shows that** parking and good prices were two reasons that were equally important among both males and females. **It is easily observed that** an average of 18% and 16% of all shoppers reported these reasons.

| 전체 경향 | **Overall, it is seen that** some responses differ by gender, and only an average of 10% of shoppers reported other reasons for shopping at K-mart. |

해석 이 표는 K마트에서 남성과 여성들이 쇼핑했던 이유를 제시한다.

주목해야할 첫 번째 것들 중 하나는 불균형한 비율의 남성들이 K마트가 그들의 집과 가까웠었기 때문에 K마트를 선호했다는 것이다. 이 수치는 남성들 사이에서 30%였고, 여성들 사이에서는 오직 20%였다. 반면에, 가게의 평판은 여성들의 27%와 남성들의 18%에 의해 선택되었기 때문에 그것 (가게의 평판)은 남성들보다는 여성들에게 더 중요했다. 이것들은 이 차트에 보여지는 성별에 기반한 가장 큰 차이들이다.

24시간 서비스와 친절한 직원은 흔한 응답들이 아니었다는 것은 주목할 만하다. 수치들이 명확히 보여주는 것처럼, 이 이유들은 전체 쇼핑객들의 각각 평균 1%와 7.5%를 차지했다. 자료는 주차와 좋은 가격이 남성과 여성들 사이에서 동등하게 중요했던 두 개의 이유였다는 것을 보여준다. 전체 쇼핑객들의 평균 18%와 16%가 이 이유를 말했다는 것은 쉽게 관찰된다.

전반적으로, 몇몇 응답들이 성별에 따라 다르다는 것과 쇼핑객의 겨우 평균 10%만이 K마트에서 쇼핑하는 것에 대한 기타 이유를 말했다는 것이 보여진다.

어휘 **disproportionate** 균형이 안 맞는, 불균형의 **prefer** 선호하다 **noteworthy** 주목할 만한 **account for** 차지하다 **report** 말하다 **response** 응답 **differ** 다르다

Jen 선생님이 알려주는 점수보장 TIP

<고득점 공략하기 2>

만점을 요구하는 교육기관은 없지만, 앞서 Actual Test 03 TASK 1 점수보장 TIP을 통해 조언한 내용과 동일하게, 더 길고 더 다양한 문장으로 답안을 구성하면, 만점에 더 가까운 점수를 달성할 수 있는 점을 참고해보세요!

본론 1
One of the first things to note is that the top three responses from males were "close to home", "good reputation", and "parking", which collectively accounted for 65% of all their responses. On the other hand, "friendly staff" and "24-hour service" accounted for only 9% of responses from men collectively, and females recorded even lower figures in these two categories, making these reasons the lowest ones on average. In contrast to men, however, more women cared about the store's reputation, with 9% more women than men choosing this reason (27% and 18%, respectively).

본론 2
Despite their various differences, men and women showed some preferential similarities as well. For instance, parking, prices, and other unspecified reasons were all reported with similar frequency among both genders. Each of these figures had a gender gap of 2% each. Also, the only reason that showed at least 20% among both men and women was "close to home", showing that location was the most important reason on average at 25%.

해석
가장 먼저 주목해야 할 점 중 하나는 남성들로부터의 상위 세 개 응답은 "집과 가까움", "좋은 평판", "주차"였고, 이것은 전체 응답의 65%를 종합적으로 차지했다. 반면에, "친절한 직원"과 "24시간 근무"는 종합적으로 남성들로부터의 응답의 오직 9%를 차지했고, 여성들은 이 이유들을 평균적으로 가장 낮은 것들로 만들면서, 이 두 항목에서 훨씬 더 낮은 수치를 기록했다. 그러나 남성들과는 대조적으로, 남성보다 9% 더 많은 여성이 이 이유를 선택하면서, 더 많은 여성들은 가게의 명성에 관심을 가졌다 (각각 27% 그리고 18%).

그들의 다양한 차이점에도 불구하고, 남성과 여성은 몇몇 유사점을 또한 보였다. 예를 들어, 주차, 가격, 그리고 다른 명시되지 않은 이유들은 양쪽 성별에서 비슷한 빈도로 모두 보고되었다. 이 수치들은 각각 2%의 성별 격차를 가지고 있었다. 또한, 남성과 여성들 사이에서 모두 최소 20%를 보여주었던 유일한 이유는 "집과 가까움"이었고, 이것은 위치가 평균 25%로 가장 중요한 이유였다는 것을 보여준다.

TASK 2 현대인의 운동 부족

Question

You should spend about 40 minutes on this task. 이 문제에는 약 40분을 소비해야 한다.

Write about the following topic. 다음 주제에 대하여 글을 쓰시오.

> **Many experts have noted that people in modern society do not exercise often. What is a cause and solution to this problem?**
>
> 많은 전문가들이 현대 사회의 사람들이 운동을 자주하지 않는 것을 언급해왔다.
> 이 문제의 원인과 해결책은 무엇인가?

Give reasons for your answer and include any relevant examples from your own knowledge or experience. 당신의 답안에 대한 이유를 제시하고, 당신의 지식 또는 경험에 근거한 관련 예시를 포함하시오.

Write at least 250 words. 최소 250단어를 쓰시오.

모범 답안

서론	**Some experts have become concerned because** many people do not exercise regularly. **This is a serious problem in society since** it can cause health problems. Although the average citizen does not exercise often, it is important to develop ways to make exercise a widely-enjoyed activity.
본론 1	Many people do not exercise in today's society **because** they become discouraged if they do not see immediate results. **It is commonly known that** most people have a desire to exercise and become healthy, but since noticeable results and improvements in health are gradual, most people lose their motivation to exercise. **According to recent research**, most people report that the reason they choose not to exercise is because they lack strong motivation and their effort seems to have no positive effect. **For this reason**, most people become disappointed and stop exercising despite its many benefits.
본론 2	**To encourage** more people **to** exercise regularly, people should develop an exercise program that is tailored to their particular specifications. **Many health experts believe that** people should acknowledge their personal physical fitness level and develop realistic goals that can be achieved gradually. **This can be done by** following a fixed exercise routine that can be adjusted to increase difficulty as one's health condition improves. **Exercising in this way** will ensure that people continue exercising since they will be able to measure their progress by measuring the changes in the intensity of their routine. **Therefore**, to encourage people to exercise regularly, it is important to remember to set realistic goals that match one's fitness level.

| 결론 | **In conclusion**, even though many people in modern society lack a strong motivation to exercise, developing realistic exercise goals and measuring progress can encourage more people to exercise. |

해석 많은 사람들이 규칙적으로 운동하지 않기 때문에 몇몇 전문가들은 우려하게 되었다. 이것은 건강 문제를 일으킬 수 있기 때문에 사회에서 심각한 문제이다. 일반 시민이 운동을 자주 하지는 않지만, 운동을 널리 즐기는 활동으로 만들 방법들을 개발하는 것은 중요하다.

오늘날의 사회에서 많은 사람들은 즉각적인 결과를 보지 못하면 낙담하기 때문에 운동을 하지 않는다. 대부분의 사람들이 운동을 하고 건강해지기를 바란다는 것은 흔히 알려져있지만, 건강에 있어서의 뚜렷한 결과와 향상은 점진적이기 때문에 대부분의 사람들은 운동할 동기를 잃는다. 최근 조사에 따르면, 대부분의 사람들은 그들이 운동하지 않기로 선택한 이유는 강한 동기가 부족하고 그들의 노력이 아무런 긍정적인 영향을 미치지 않는 것 같아 보이기 때문이라고 말한다. 이러한 이유로, 대부분의 사람들은 운동의 많은 장점들에도 불구하고 낙담하고 운동하기를 그만둔다.

더 많은 사람들이 규칙적으로 운동하는 것을 장려하기 위해서, 사람들은 그들의 특정 사항들에 맞도록 만든 운동 프로그램을 개발해야 한다. 많은 건강 전문가들은 사람들이 그들 개인의 체력을 인지하고 점진적으로 달성할 수 있는 현실적인 목표를 세워야 한다고 생각한다. 이것은 그 사람의 건강 상태가 향상됨에 따라 (운동의) 강도를 높이도록 조절될 수 있는 정해진 운동 습관을 따름으로써 실행될 수 있다. 이러한 방식으로 운동하는 것은 그들이 (운동) 습관의 강도에 있어서의 변화를 평가함으로써 그들의 진척 상태를 측정할 수 있을 것이기 때문에 사람들이 계속 운동하는 것을 확실하게 할 것이다. 따라서, 사람들이 규칙적으로 운동하도록 장려하기 위해서, 한 사람의 건강 상태에 맞는 현실적인 목표를 세우는 것을 기억하는 것이 중요하다.

결론적으로, 현대 사회에서 많은 사람들이 운동을 하기 위한 강한 동기가 부족하지만, 현실적인 운동 목표를 개발하는 것과 진척 정도를 측정하는 것은 더 많은 사람들이 운동하도록 장려할 수 있다.

어휘 immediate 즉각적인 improvement 향상 motivation 동기 effort 노력 regularly 규칙적으로, 정기적으로
acknowledge 인지하다, 인식하다 adjust to ~에 맞추다, 조절하다 fitness 건강(상태) set goals 목표를 세우다

Jen 선생님이 알려주는 점수보장 TIP

<스펠링 실수 줄이기>

오프라인 강의를 하면서 첨삭을 많이 하다 보니, '운동' 관련 에세이들을 첨삭할 때는 'exercise'라는 단어의 스펠링을 틀리는 학생들을 자주 보게 됩니다. 'exercise' 같이 학생들이 자주 스펠링을 틀리는 단어들이 있습니다. analyze, government, extremely, athlete, marriage, adolescent, appropriate, disease 등이 바로 떠오르는 몇 가지입니다. 이 중에 여러분이 자주 틀리는 단어도 있나요? 잦은 스펠링 실수는 여러분의 목표 점수 달성에 당연히 방해가 되므로, 평소에 자신이 많이 하는 스펠링 실수를 메모해두고 실전에서는 주의해서 사용해야 합니다.

www.goHackers.com

스타 IELTS 실전 WRITING

Actual Test 14

TASK 1
모범 답안·해석

TASK 2
모범 답안·해석

TASK 1 미국의 결혼과 이혼 경향

■ Question

You should spend about 20 minutes on this task. 이 문제에는 약 20분을 소비해야 한다.

> **The charts below show the number of marriages and divorces in the USA from 1930 to 2010.**
>
> **Summarise the information by selecting and reporting the main features, and make comparisons where relevant.**
>
> 아래 차트들은 1930년부터 2010년까지 미국에서의 결혼과 이혼 건수를 보여준다.
> 주요 특징들을 선택하고 보고함으로써 정보를 요약하고, 관련 있는 곳에 비교를 하시오.

Write at least 150 words. 최소 150단어를 쓰시오.

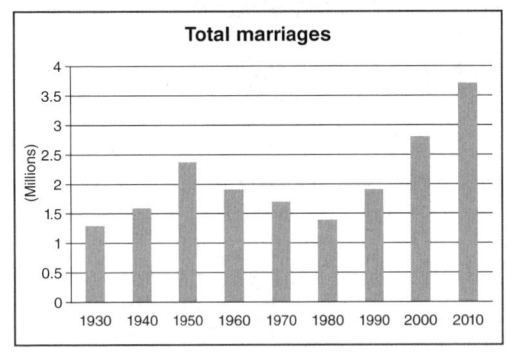
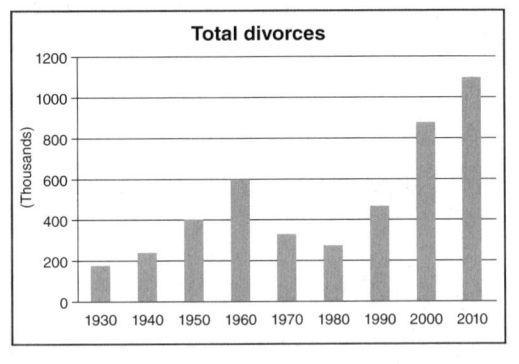

■ 모범 답안

차트 소개	**The charts show** the number of marriages and divorces in the USA between 1930 and 2010. Data is given in ten-year intervals.
본론 1	**In comparison, it is clear that the trend in** the total number of marriages and divorces **changed similarly throughout the period. A rising trend in both figures was seen from** 1930 to 1950, and they both fell after that until 1980. **Specifically,** the number of divorces increased from approximately 200 thousand in 1930 to 600 thousand in 1960. **On the other hand,** the number of marriages increased to over 2 million in 1950, but this figure fell to less than 1.5 million in 1980.
본론 2	**During the second part of the period**, the number of marriages and divorces skyrocketed by showing increases every decade after 1980. **In 2000**, both figures recorded new highs. The number of marriages totaled more than 2.8 million, and the number of divorces surpassed 800 thousand for the first time. **Finally, it is notable that** both figures continued increasing until 2010. The number of marriages was 3.7 million, and the number of divorces was more than 1 million at the end of the period.

| 전체 경향 | **Overall, it is seen that** both marriages and divorces increased substantially **throughout the period** despite recording declines during the middle of the period. |

해석   차트들은 1930년과 2010년 사이 미국에서의 결혼과 이혼 건수를 보여준다. 자료는 십 년 간격으로 제시된다.

비교해 보면, 전체 결혼과 이혼 건수의 추세는 이 기간 내내 유사하게 변화한 것은 분명하다. 두 수치 모두 1930년부터 1950년까지 상승 추세를 보였으며, 그 이후 1980년까지 둘 다 하락하였다. 구체적으로, 이혼 건수는 1930년 약 20만 건에서 1960년 60만 건으로 늘었다. 반면에, 1950년에는 결혼 건수가 200만 건 이상으로 늘었지만, 1980년에는 150만 건 이하로 줄었다.

기간의 두 번째 부분 동안, 결혼과 이혼 건수는 1980년 이후 십 년마다 증가를 보여줌으로써 급상승했다. 2000년에, 두 수치들은 모두 새로운 최고 기록을 기록했다. 처음으로 결혼 건수는 총 280만 건 이상이 되었고, 이혼 건수는 80만 건을 넘었다. 마지막으로, 2010년까지 두 수치들 모두 계속 증가했다는 것은 주목할 만하다. 기간의 끝에서, 결혼 건수는 370만이었고, 이혼 건수는 100만 이상이었다.

전반적으로, 기간의 중반 동안 감소를 기록했음에도 불구하고 결혼과 이혼 모두 기간 내내 상당히 증가했다는 것이 보여진다.

어휘   **interval** 간격   **total** 총; 총 ~이 되다   **specifically** 구체적으로   **skyrocket** 급상승하다   **decade** 십 년   **surpass** ~을 넘다   **substantially** 상당히

Jen 선생님이 알려주는 점수보장 TIP

<차트를 구간별로 비교하기>

한 개 이상의 차트들은 같은 기간을 기준으로 서로 밀접한 연관성이 있을 가능성이 높습니다. 이 경우, 모범 답안에서처럼 제시된 차트들을 구간 별로 비교하면서 문단을 구성하는 것이 좋습니다. 첫 번째 본론에는 첫 번째 차트에 관해서만 쓰고, 두 번째 본론에는 두 번째 차트에 관해서만 작성하면, 구간별 그리고 항목별 비교의 내용을 담은 문장을 서술하기가 어렵다는 것에 주의해야 합니다.

TASK 2 아이의 발달에 영향을 미치는 사람들

■ Question

You should spend about 40 minutes on this task. 이 문제에는 약 40분을 소비해야 한다.

Write about the following topic. 다음 주제에 대하여 글을 쓰시오.

> **Some people believe that family members have the most influence on children's development while others believe that those in the child's surrounding environment have more influence.**
>
> **Discuss both views and give your own opinion.**
>
> 몇몇 사람들은 가족 구성원들이 아이들의 발달에 가장 많은 영향을 미친다고 생각하는 반면 다른 이들은 아이의 주변 환경에 있는 이들이 더 많은 영향을 미친다고 생각한다.
> 양쪽 관점들을 논의하고 당신의 의견을 제시하시오.

Give reasons for your answer and include any relevant examples from your own knowledge or experience. 당신의 답안에 대한 이유를 제시하고, 당신의 지식 또는 경험에 근거한 관련 예시를 포함하시오.

Write at least 250 words. 최소 250단어를 쓰시오.

■ 모범 답안

서론	**Some people believe that** a child's development is influenced by its family **while others argue that** people surrounding the child impose a greater influence. **To evaluate** the influences on children's development, **it is necessary to analyze** the effects of people inside and outside the family.
본론 1	**Firstly, some argue that** the influence of family members is the greatest on the child's development. **This is because** the child is exposed to the habits and routines of the family on a daily basis including food preferences, language use, and hobbies. **For example**, children take after their parents in several traits including personality, belief systems, and values. **This shows that** a lot of the child's personality develops in relation to what they learn from their family members. **Thus, it is apparent that** family members impose a great influence on the development of a child.
본론 2	**On the other hand, others argue that** greater influence is exercised by those surrounding the child. **Proponents of this view argue that** children spend most of their time interacting with friends and teachers compared to time spent at home. **It is commonly known that** children imitate others easily and as they meet peers and teachers on a regular basis, they tend to adapt to them. **For example**, children are more likely to share interests and participate in various activities with others and **therefore** tend to be influenced by such people to a greater degree in comparison to family members. **Hence**, the influence of others is also great when it comes to children's growth.

> 결론
>
> **In summary**, family members and acquaintances impose an influence on a child's development. **However, I believe that** family members have a more direct and ongoing impact on a child's life. While those in the child's surrounding environment can change, family members will always remain consistent.

해석 몇몇 사람들은 아이의 발달은 가족에 의해 영향을 받는다고 생각하는 반면 다른 이들은 아이 주변에 있는 사람들이 더 큰 영향을 미친다고 주장한다. 아이들의 발달에 대한 영향을 평가하기 위해서, 가족의 안과 밖에 있는 사람들의 영향들을 분석하는 것이 필요하다.

먼저, 몇몇 사람들은 아이의 발달에 가족 구성원들의 영향이 가장 크다고 주장한다. 이것은 아이가 기호 식품, 언어 사용, 그리고 취미를 포함한 매일의 가족의 습관과 일상에 노출되기 때문이다. 예를 들어, 아이들은 성격, 신념 체계, 그리고 가치관들을 포함한 여러 특성 면에서 그들의 부모를 닮는다. 이것은 아이 성격의 많은 부분들이 그들이 가족 구성원들로부터 배우는 것과 관련하여 발달한다는 것을 보여준다. 따라서, 가족 구성원들이 아이의 발달에 큰 영향을 미친다는 것은 분명하다.

반면에, 다른 이들은 아이 주변에 있는 이들에 의해서 더 큰 영향이 주어진다고 주장한다. 이 관점의 지지자들은 아이들이 집에서 보내는 시간과 비교하여 친구들 그리고 교사들과 교류하면서 그들 시간의 대부분을 보낸다고 주장한다. 아이들은 다른 사람들을 쉽게 모방하고, 또래들과 교사들을 정기적으로 만나면서, 그들에게 적응하는 경향이 있다는 것은 흔히 알려져 있다. 예를 들어, 아이들은 다른 사람들과 흥미를 공유하고 다양한 활동에 참여 가능성이 좀더 많고, 따라서 가족 구성원들과 비교하면 그런 사람들에 의해 더 큰 정도로 영향을 받는 경향이 있다. 따라서, 아이들의 성장에 있어서라면 다른 사람들의 영향 또한 상당하다.

요약하면, 가족 구성원들과 지인들은 아이의 발달에 영향을 미친다. 그러나, 나는 가족 구성원들이 아이의 삶에 더 직접적이고 계속적인 영향을 미친다고 생각한다. 아이의 주변 환경에 있는 사람들은 바뀔 수 있는 반면, 가족 구성원들은 항상 변함없이 남아있을 것이다.

어휘 analyze 분석하다 routine 일상 take after 닮다 in relation to ~에 관하여 impose 부과하다 proponent 지지자 imitate 모방하다 on a regular basis 정기적으로 adapt to ~에 적응하다 acquaintance 지인 consistent 변함없는

Jen 선생님이 알려주는 점수보장 TIP

<모범 답안 복습을 통해서 유용한 표현들 익혀두기>

아이들 관련 주제는 자주 출제되는 주제로 꼽히므로, 모범답안을 통해 소개된 아이들의 특징을 꼼꼼히 정리해 두어야 합니다. 여러분의 아이디어인 것처럼 쓸 수 있을 때까지 유용한 표현이나 문장 전체를 통째로 암기해 두어야 실전에서 유용하게 활용할 수 있습니다. 예를 들어, 이 에세이의 경우, 아래의 표현들 대부분이 여러분 머릿속에 통째로 남아있어야 합니다. 그래야 "kids", "get along with", "bad" 같은 비격식적 (informal)인 표현들을 자연스럽게 피하면서 의도한 내용을 자연스럽게 표현할 수 있습니다.

ex) 아이들의 특징
* The child is exposed to the habits and routines of the family on a daily basis.
* A lot of the child's personality develops in relation to what they learn from their family members.
* Children take after their parents in several traits including personality, belief systems, and values.
* Children imitate others easily and as they meet peers and teachers on a regular basis, they tend to adapt to them.
* Children are more likely to share interests and participate in various activities with others.

www.goHackers.com

스타 IELTS 실전 WRITING

Actual Test 15

TASK 1
모범 답안·해석

TASK 2
모범 답안·해석

TASK 1 한국인의 행복 수준

Question

You should spend about 20 minutes on this task. 이 문제에는 약 20분을 소비해야 한다.

> The charts below show the general happiness level in Korean society by age, gender, and income in 1980 and 2012.
>
> Summarise the information by selecting and reporting the main features, and make comparisons where relevant.
>
> 아래의 차트는 1980년과 2012년 한국 사회의 전반적인 행복 수준을 연령별, 성별, 그리고 수입별로 보여준다. 주요 특징들을 선택하고 보고함으로써 정보를 요약하고, 관련 있는 곳에 비교를 하시오.

Write at least 150 words. 최소 150단어를 쓰시오.

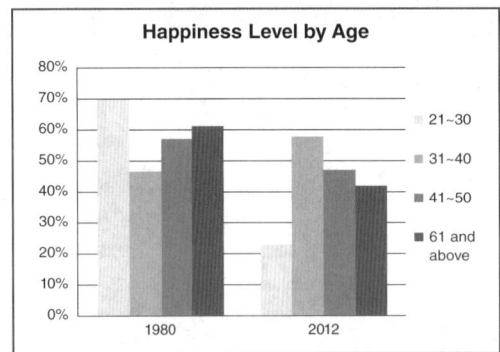

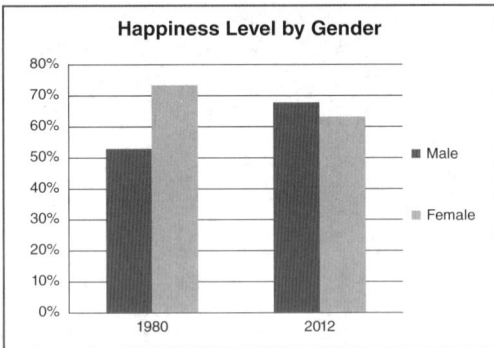

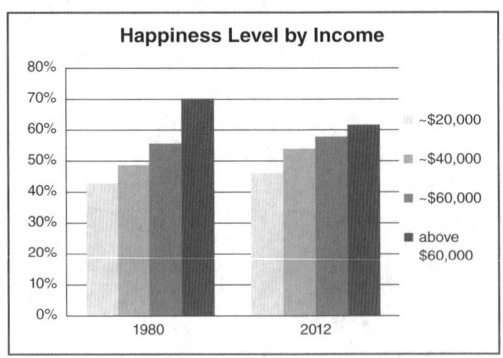

모범 답안

차트 소개	The three bar graphs give information concerning the overall amount of happiness among people in South Korea by age, gender, and income in 1980 and 2012.
본론 1	The first bar chart shows that happiness level among people between 21 and 30 years old was the highest in 1980 at 70%, but this figure decreased dramatically and

	became the lowest figure in 2012 (22%). People between 31 and 40 years old were the least happy people in 1980 (46%), but they became the happiest age group in 2012 (57%).
본론 2	**In regard to** gender, females were substantially happier than males in 1980. **The figures were** 72% **and** 52%, **respectively. However**, in 2012, males were slightly happier than females; 68% of males reported being happy while only 63% of females reported that they were happy. **In contrast, it is also notable that** happiness level steadily increased as income increased in both 1980 and 2012. **However**, people earning more than $60,000 showed a slight decrease in happiness (70% in 1980 and 61% in 2012).
전체 경향	**Overall, it is seen that** young people and females became less happy while males and middle-aged adults saw increases in their happiness. **In addition**, happiness at all income levels saw an increase over the period except for the richest income group.

해석 세 개의 막대 그래프들은 1980년과 2012년 한국 사람들 사이에서 연령별, 성별, 그리고 수입별 전반적인 행복의 정도에 관한 정보를 제시한다.

첫 번째 막대 그래프는 1980년에 70%로 21세와 30세 사이 사람들 사이에서의 행복 정도가 가장 높았다는 것을 보여주지만, 이 수치는 상당히 하락했고, 2012년에 가장 낮은 수치가 되었다(22%). 1980년에 31세와 40세 사이의 사람들은 가장 행복하지 않았던 사람들이었지만(46%), 2012년에 그들은 가장 행복한 연령 그룹이 되었다(57%).

성별에 관하여, 1980년에 여성들은 남성들보다 상당히 더 행복했다. 수치들은 각각 72%와 52%였다. 그러나, 2012년에는 남성들이 여성들보다 조금 더 행복했다. 여성들의 63%만이 행복했다고 전했던 반면 남성들의 68%가 행복하다고 말했다. 대조적으로, 1980년과 2012년 두 해 모두에 수입이 늘면서 행복 정도가 꾸준히 증가했다는 것은 주목할 만하다. 그러나, 60,000달러 이상을 버는 사람들은 행복에 있어서 미비한 감소를 보였다(1980년에는 70% 그리고 2012년에는 61%).

전반적으로, 남성들과 중년의 성인들이 그들의 행복에 있어 증가를 보였던 반면 젊은 사람들과 여성들은 덜 행복하게 되었다는 것이 보여진다. 게다가, 가장 부유한 수입 그룹을 제외하고는 모든 수입 수준들에서의 행복은 구간에 걸쳐서 증가를 보였다.

어휘 **income** 수입 **substantially** 상당히 **notable** 주목할 만한 **earn** (돈을) 벌다 **middle-aged adults** 중년의 성인들 **except for** ~을 제외한

Jen 선생님이 알려주는 점수보장 TIP

<무시되는 차트가 없도록 모두 다루기>

차트가 여러 개 제시된 경우, 하나 또는 두 개의 차트에 대해서만 너무 많이 쓰느라 나머지 차트가 무시되는 일이 없어야 합니다. 제시된 모든 차트들의 특징을 요약해야 높은 점수를 받을 수 있습니다.

TASK 2 소아 비만

■ Question

You should spend about 40 minutes on this task. 이 문제에는 약 40분을 소비해야 한다.

Write about the following topic. 다음 주제에 대하여 글을 쓰시오.

> In some developed countries, obesity among children has become a serious problem.
> What are the causes of this phenomenon, and how can this problem be addressed?
> 몇몇 선진국에서는 아이들 사이의 비만이 심각한 문제가 된 상태이다.
> 이 현상의 원인들이 무엇이고, 이 문제는 어떻게 다루어질 수 있는가?

Give reasons for your answer and include any relevant examples from your own knowledge or experience. 당신의 답안에 대한 이유를 제시하고, 당신의 지식 또는 경험에 근거한 관련 예시를 포함하시오.

Write at least 250 words. 최소 250단어를 쓰시오.

■ 모범 답안

서론	Obesity among children **is a growing** health **problem around the world, and many experts have begun to investigate this problem very closely. It is clear that local and national efforts have been made to** tackle this problem, **and the solution will involve** action by individuals **as well as** institutions and the government.
본론 1	**The most influential factor in** childhood obesity **is** eating habits. Health **experts have consistently stated that** children classified as obese report eating fast food and foods high in fat and sugar content much more often than children who are a healthy weight. **According to data from the Ministry of Health and Welfare in South Korea**, children who eat a balanced diet including proper servings of fresh fruits and vegetables showed a much lower prevalence of obesity. **Therefore, it is apparent that** the widespread phenomenon of obesity is somewhat due to dietary habits, **and society should do more to address** the unhealthy eating habits of young children.
본론 2	**To confront this issue**, the government should play a role in encouraging the development of healthy dietary in young children. **The government can implement** educational **campaigns which aim to** decrease childhood obesity. **For example, in South Korea**, various campaigns and promotions have been implemented in schools nationwide. **A positive outcome of these efforts is that** the campaign has raised awareness about the importance of healthy eating habits, and food quality served in cafeterias has been greatly improved. **This proves that** the government needs to be actively involved to promote healthier eating habits among children.
결론	**It is clear that** many children easily become obese due to a lack of healthy dietary choices. **However, it is also clear that** much is being done by the government to

prevent this problem from becoming worse. So without delay, people should follow the government's example and become actively involved in trying to solve the problems associated with obesity within their local communities.

해석 아이들 사이에서의 비만은 전 세계에서 커지고 있는 건강 문제이고, 많은 전문가들이 이 문제를 매우 면밀히 조사하기 시작했다. 이 문제에 착수하기 위해 지역적 그리고 국가적 노력들이 기울여져 왔다는 것이 명백하고, 해결책은 기관들과 정부뿐만 아니라 개개인들에 의한 행동을 수반할 것이다.

소아 비만의 가장 영향력이 큰 요소는 식습관이다. 건강 전문가들은 비만으로 분류된 아이들이 건강한 체중의 아이들보다 패스트푸드와 지방 및 설탕 함유량이 높은 음식을 훨씬 더 자주 먹는 것을 말한다고 꾸준히 언급해왔다. 한국 보건복지부로부터의 자료에 따르면, 적정량의 신선한 과일과 야채를 포함한 균형 잡힌 식사를 하는 아이들은 훨씬 더 낮은 비만의 여지를 보였다. 따라서, 비만의 광범위한 현상은 어느 정도 식습관 때문이라는 것이 명백하고, 사회는 어린 아이들의 건강하지 않은 식습관을 다루기 위해서 좀 더 행동해야 한다.

이 문제에 대응하기 위해, 정부는 어린 아이들에게 있어 건강한 식습관의 발달을 장려하는 역할을 해야 한다. 정부는 소아기 비만을 줄이는 것을 목표로 하는 교육 캠페인을 실행할 수 있다. 예를 들어, 한국에서는, 전국의 학교에서 다양한 캠페인과 장려가 실행되어왔다. 이러한 노력들의 긍정적인 결과는 캠페인이 건강한 식습관의 중요성에 대한 인식을 높였고, 식당에서 제공되는 음식의 질이 굉장히 향상되었다는 것이다. 이것은 정부가 아이들 사이의 더 건강한 식습관을 증진하기 위해 적극 참여할 필요가 있다는 것을 증명한다.

많은 아이들은 건강한 식단 선택권의 부족 때문에 쉽게 비만이 된다는 것이 명백하다. 그러나, 이 문제가 더 악화되는 것을 막기 위해 많은 것들이 정부에 의해 진행되고 있다는 것 또한 명백하다. 그래서 지체 없이, 사람들은 정부의 모범을 따르고, 그들의 지역사회 내에서 비만과 관련된 문제들을 해결하려는 데에 적극 참여해야 한다.

어휘 **investigate** 조사하다, 연구하다 **tackle** (문제에) 착수하다 **institution** 기관 **influential** 영향력이 큰 **obese** 비만인 **content** 함유량 **balanced** 균형 잡힌 **widespread** 광범위한 **dietary habits** 식습관 **confront** 대응하다 **implement** 실행하다, 이행하다 **nationwide** 전국적인 **promotion** 장려, 진흥 **example** 본보기, 전형 **associated with** ~와 관련되다

Jen 선생님이 알려주는 점수보장 TIP

<아이디어 개수보다 어법과 오류 신경쓰기>

원인과 해결책의 논의를 요구하는 문제의 경우, 제시된 주제에 대한 원인과 해결책을 두세 개 정도 제시해야 고득점(8점 이상)을 받을 가능성이 높습니다. 그러나, 이전 시험 점수가 5~6점 사이에 머무는 상황이라면, 아이디어 개수보다는 우선 문법과 단어 선택 오류를 최소화하는 것에 집중해서 6.5~7.0 정도의 점수에 전략적으로 도달하는 것이 현명합니다.

문법과 단어 선택 오류가 없는 문장을 구사할 수 있다면, 다음과 같이 좀 더 구체적이고 자세한 내용의 문장을 서술 하는 것을 추천합니다.

*어법 오류를 피하기 위한 전략적 문장:
For example, in South Korea, various campaigns and promotions have been implemented in schools nationwide.

*어법 오류가 없는 경우 추천하는 문장:
Ex 1) For example, in South Korea, various campaigns and promotions **that aimed to increase fruit and vegetable consumption** have been implemented in schools, **and students have reacted positively by eating fruits and vegetables in their school lunches**.

Ex 2) For example, in South Korea, various campaigns and promotions **about healthy dietary habits** have been implemented in schools, **and students have responded positively by reducing their consumption of hamburgers and soda**.

www.goHackers.com

스타 IELTS 실전 WRITING

Actual Test 16

TASK 1
모범 답안·해석

TASK 2
모범 답안·해석

TASK 1 투표 참여

■ Question

You should spend about 20 minutes on this task. 이 문제에는 약 20분을 소비해야 한다.

> **The charts below show election participation by age, gender, and income in Japan between 1990 and 2010.**
>
> **Summarise the information by selecting and reporting the main features, and make comparisons where relevant.**
>
> 아래의 차트들은 1990년과 2010년 사이 일본에서의 연령별, 성별, 그리고 수입별 선거 참여를 보여준다. 주요 특징들을 선택하고 보고함으로써 정보를 요약하고, 관련 있는 곳에 비교를 하시오.

Write at least 150 words. 최소 150단어를 쓰시오.

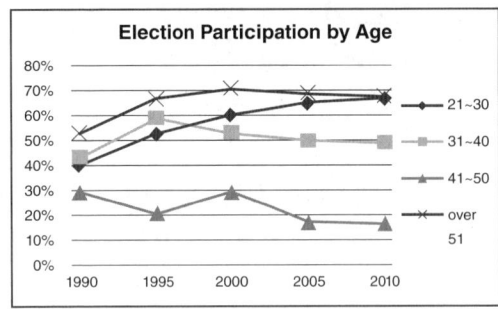

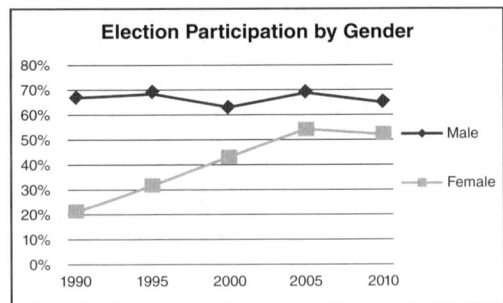

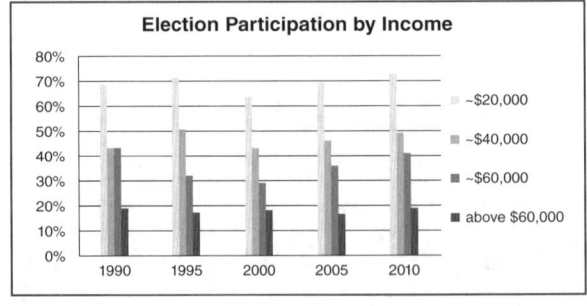

■ 모범 답안

차트 소개	**The three charts give information concerning** election participation. **The information is organized by** age, gender and income.
본론 1	**According to the first chart**, voter participation among people between 21 and 30 years old increased constantly from 40% in 1990 to 60% in 2000. **In contrast**, voters between 41 and 50 years old were the least likely to vote in an election. **It is clear that** voter participation among this group never surpassed 30%, and in 2005 and 2010, this

	figure was less than 20%. **On the other hand,** election participation among people older than 51 years old was consistently high throughout the period. **The data clearly shows that** it increased from 53% to 70%, but then there was a slight decrease.
본론 2	**Moreover, there are** two **noticeable characteristics in the other charts. Firstly,** males vote more than females, but this gap decreased gradually from 45% to approximately 12%. **In regard to** income, election participation clearly decreased as income increased. **Throughout the period,** at least 60% of people who earned less than $20,000 per year participated in elections. **However, it is also noteworthy that** participation among people who earned more than $60,000 per year never surpassed 20%.
전체 경향	**Overall, it is seen that** election participation among adults from 21 to 30 years old and females increased, and income was inversely related to election participation.

해석 세 개의 차트들은 선거 참여에 관한 정보를 제시한다. 정보는 연령별, 성별, 그리고 수입별로 정리되어 있다.

첫 번째 차트에 따르면, 21세와 30세 사이인 사람들 사이에서의 투표자 참여는 1990년에 40%부터 2000년에 60%까지 계속 증가했다. 대조적으로, 41세와 50세 사이의 투표자들은 선거에서 투표할 가능성이 가장 낮았다. 이 그룹 사이에서 투표자 참여는 절대 30%를 넘지 않았다는 것이 명백하고, 2005년과 2010년에 이 수치는 20% 이하였다. 반면에, 51세 이상인 사람들 사이의 선거 참여는 기간 내내 변함없이 높았다. 자료는 그것이 53%부터 70%까지로 증가했지만, 그러고 나서 약간의 하락이 있었다는 것을 보여준다.

게다가, 다른 차트들에는 눈에 띄는 특징들이 두 가지 있다. 먼저, 남성들은 여성들보다 더 많이 투표하지만, 이 차이는 45%부터 약 12%까지로 서서히 감소했다. 수입에 관해서는, 수입이 늘면서 선거 참여는 명백히 줄었다. 기간 내내, 20,000달러 이하를 벌었던 사람들의 적어도 60%가 해마다 선거에 참여했다. 그러나, 연간 60,000달러 이상을 벌었던 사람들 사이에서의 참여는 절대 20%를 넘지 않았다는 것 또한 주목할 만하다.

전반적으로, 21세부터 30세까지 성인들과 여성들 사이에서의 선거 참여는 늘었고, 수입은 선거 참여와 반비례했다는 것이 보여진다.

어휘 constantly 계속, 변함없이 surpass ~을 넘다 consistently 일관성 있게 noticeable 눈에 띄는 gradually 서서히
in regard to ~에 관해서는 earn (돈을) 벌다 inversely 반비례하여

Jen 선생님이 알려주는 점수보장 TIP

< 다양한 문장구조 연습해보기 >

문제풀이 경험이 누적되었으면, 학습 초기보다는 차트에 전략적으로 접근하고 요약하는 것이 익숙해졌을 것입니다. 조금 여유가 생겼다면, 다음의 문장들 같은 조금 더 다양하고 복합적인 문장 구조(분사구문, 관계절, 세미콜론 활용 등)들을 연습해 보세요.

ex)
1. The most significant change occurred in 2000 when the election participation rate of people between 21 and 30 years of age surpassed the rate among people between 31 and 40 years old. 가장 상당한 변화는 21세와 30세 사이 사람들의 투표 참여율이 31세와 40세 사이 사람들 사이의 비율을 넘었던 2000년에 일어났다.

2. People making about $20,000 per year participated in elections the most; this figure never fell below 60% participation rate. On the other hand, the richest people, making around $60,000 per year, participated in elections the least; this figure never surpassed 25%. 한 해 약 $20,000를 버는 사람들은 선거에 가장 많이 참여했다; 이 수치는 절대 60% 투표 참여율 아래로 떨어지지 않았다. 반면에, 한 해 약 $60,000 이상을 버는 가장 부유한 사람들은 선거에 가장 적게 참여했다; 이 수치는 절대 25%를 넘지 않았다.

TASK 2 인터넷의 발달과 박물관의 역할

■ Question

You should spend about 40 minutes on this task. 이 문제에는 약 40분을 소비해야 한다.

Write about the following topic. 다음 주제에 대하여 글을 쓰시오.

> **With the prevalence of the Internet, museums are no longer necessary.**
> **To what extent do you agree or disagree?**
>
> 인터넷의 보급으로 인하여 박물관은 더 이상 필요하지 않다.
> 당신은 어느 정도까지 동의 또는 동의하지 않는가?

Give reasons for your answer and include any relevant examples from your own knowledge or experience. 당신의 답안에 대한 이유를 제시하고, 당신의 지식 또는 경험에 근거한 관련 예시를 포함하시오.

Write at least 250 words. 최소 250단어를 쓰시오.

■ 모범 답안

서론	Since the Internet has become more prevalent in modern society, **some people think that** museums are not necessary anymore. **However, I believe that** museums should be preserved in society **because** they serve purposes that the Internet cannot.
본론 1	**To begin with**, museums are still necessary **because** the information available on the Internet is very broad, so people do not know if it is trustworthy. **For instance**, online resources like Wikipedia do not verify information before it is presented to the public, so inaccurate information can spread easily in society. **In contrast**, all the information about relics and historical treasures in museums is strictly verified by experts like archeologists and historians before it is represented to the public. **Because of this**, the information in museums is reliable unlike the Internet. **Therefore, it is evident that** museums should remain in society despite the widespread use of the Internet.
본론 2	**Moreover**, museums can provide a physical location to preserve historical relics. **In order to** conduct meaningful research, professionals need a place where they can store historical artifacts that they are examining. Museums can fulfill this function better than the Internet because museums provide professional tools that help experts to clean and restore tarnished items without destroying their historical significance. **Thus, it is undeniable that** museums should be preserved in modern society because they help experts examine relics.
결론	**To sum up, it is clear that** museums serve substantial roles that are not replaceable **because** they provide trustworthy information and function as a place to preserve historical remains.

해석 인터넷이 현대 사회에 더욱 보급된 이래로, 몇몇 사람들은 박물관이 더 이상 필요하지 않다고 생각한다. 그러나, 나는 박물관은 인터넷이 할 수 없는 목적들을 수행하기 때문에 그것들은 사회에서 보존되어야 한다고 생각한다.

우선, 인터넷에서 이용할 수 있는 정보는 매우 방대해서 사람들은 그것들을 신뢰할 수 있는지 알 수 없기 때문에 박물관은 여전히 필요하다. 예를 들어, 위키피디아 같은 온라인 자료들은 일반 사람들에게 정보를 공개하기 전에 그것을 확인하지 않아서, 부정확한 정보가 사회에 쉽게 퍼질 수 있다. 대조적으로, 박물관에 있는 유물과 역사적 보물들에 대한 모든 정보는 일반 사람들에게 공개되기 전에 고고학자들과 사학자들 같은 전문가들에 의해서 엄격히 확인된다. 이것 때문에, 박물관에 있는 정보는 인터넷과 달리 신뢰할 수 있다. 따라서, 인터넷의 광범위한 사용에도 불구하고, 박물관이 사회에 남아야 한다는 것은 명백하다.

게다가, 박물관은 역사적 유물들을 보존하는 물리적 장소를 제공할 수 있다. 중요한 연구를 진행하기 위해서, 전문가들은 그들이 연구하고 있는 역사적인 유물들을 저장할 수 있는 장소가 필요하다. 박물관은 유물들의 역사적 중대함을 훼손하지 않고 전문가들이 변색된 물품들을 깨끗이 하고 복원하는 것을 돕는 전문적인 수단들을 제공하기 때문에 박물관은 인터넷보다 이 기능을 더 잘 수행할 수 있다. 따라서, 박물관은 전문가들이 유물을 연구하는 것을 돕기 때문에 현대 사회에 보존되어야 한다는 것은 부인할 수 없다.

요약하자면, 박물관은 신뢰할 수 있는 정보를 제공하고 역사적 유적을 보존하는 장소로써 기능하기 때문에 대체할 수 없는 중요한 역할을 수행한다는 것은 명백하다.

어휘 prevalent 보급된 preserve 보존하다 trustworthy 신뢰할 수 있는 verify 확인하다 relic 유물 archeologist 고고학자 historian 사학자 remain 남다; 유물, 유적 widespread 광범위한, 널리 퍼진 physical 물리적인 examine 연구하다 restore 복원하다, 되돌리다 tarnish 변색하다 replaceable 대체할 수 있는

Jen 선생님이 알려주는 점수보장 TIP

< OFF-TOPIC으로 인한 감점피하기 >

제시된 문제의 의도를 정확하게 파악해야만 주제에서 벗어나지 않는 힘있고 논리적인 글을 작성할 수 있습니다. 해당 주제의 경우, 많은 학생들이 글을 완성하고도 높은 점수를 받지 못하는 가장 큰 이유 중 하나는 문제에서 요구한대로 박물관의 필요 여부에 동의하는지 또는 하지 않는지를 대답하지 않고 박물관의 장단점만을 나열하는 등 문제에서 제시된 주제를 제대로 다루지 못하여 off-topic의 글로 평가받기 때문입니다. 본론 문단을 다음과 같이 시작하면, 박물관이 여전히 필요한지 아닌지에 관한 의견을 명확히 밝히지 않았기 때문에, off-topic으로 감점될 수 있습니다.

ex) Firstly, it is true that the development of the Internet brings tremendous convenience to our society. (X)
ex) To begin with, visiting museums allows people to learn about historical relics. (X)
ex) First of all, people can only see museum collections through photos on the Internet. (X)

www.goHackers.com

스타 IELTS 실전 WRITING

Actual Test 17

TASK 1
모범 답안·해석

TASK 2
모범 답안·해석

TASK 1 암석의 형성 과정

■ Question

You should spend about 20 minutes on this task. 이 문제에는 약 20분을 소비해야 한다.

> **The diagram below shows the process of rock formation and change.**
>
> **Summarise the information by selecting and reporting the main features, and make comparisons where relevant.**
>
> 아래 그림은 암석의 형성과 변화의 과정을 보여준다.
> 주요 특징들을 선택하고 보고함으로써 정보를 요약하고, 관련 있는 곳에 비교를 하시오.

Write at least 150 words. 최소 150단어를 쓰시오.

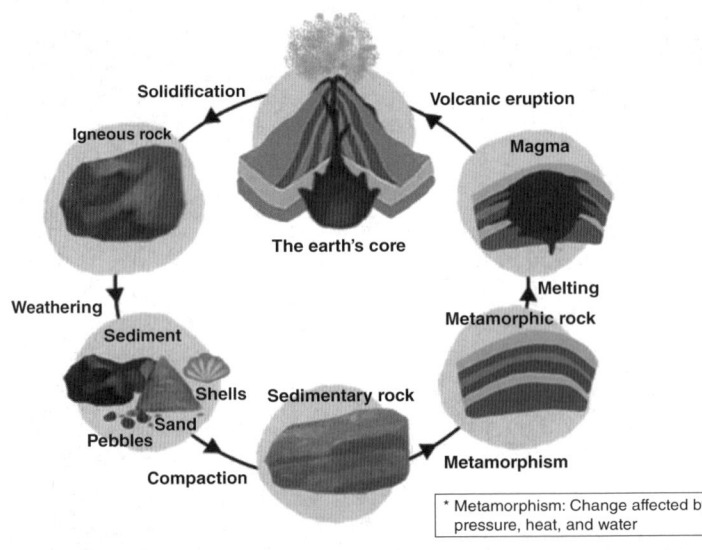

* Metamorphism: Change affected by pressure, heat, and water

■ 모범 답안

차트 소개	The diagram shows how magma **is recycled through** natural processes **that include** the formation of three different types of rock that vary in size, color, and shape.
본론 1	**The process begins when** there is a volcanic eruption that expels lava from the earth's core. **After** the magma cools and hardens, it forms igneous rocks which are dark in color and have a rough shape. **When** rocks are weathered, they settle with sand, shells and pebbles and become sediment. **Over time**, as many layers of sediment are piled on top of each other, the sediment compresses and forms sedimentary rocks.

본론 2	**In the following step**, the rock becomes smoother in texture, and the rock itself has striations. **After this**, this metamorphic rock is melted into magma, and **then** it settles back into the earth's surface. **Finally**, when this magma is pushed to the surface in a volcanic eruption, **the process begins again**.
전체 경향	**Overall, it is clear that** magma can form three different types of rocks, and volcanoes play a substantial role at the beginning and end of this process.

해석 이 그림은 어떻게 마그마가 크기, 색깔, 그리고 모양이 다양한 세 가지 다른 종류의 암석의 형성을 포함하는 자연적 과정들을 통해 재순환 되는지를 보여준다.

과정은 지구의 중심으로부터 용암을 분출하는 화산 폭발이 있을 때 시작한다. 마그마가 식으면서 단단해진 후, 그것은 색이 어둡고 거친 형태의 화성암을 형성한다. 암석이 풍화될 때, 그것들은 모래, 조개 껍데기, 자갈과 함께 침전되고, 퇴적물이 된다. 시간이 흐르면서, 퇴적물의 많은 층들이 차곡차곡 쌓이면서, 퇴적물이 압축되고 퇴적암들을 형성한다.

다음 단계에서는, 암석의 질감이 더 부드럽게 되고, 암석 자체가 평행한 가는 줄들을 가진다. 이후, 이 변성암은 마그마로 녹여지고, 그리고 나서 그것은 지구의 표면에 다시 쌓인다. 마지막으로, 이 마그마가 화산 폭발에서 표면으로 밀려나오면, 과정이 다시 시작한다.

전반적으로, 마그마가 세 가지 다른 종류의 암석을 형성할 수 있다는 것과, 화산이 이 과정의 시작과 끝에서 상당한 역할을 한다는 것은 명백하다.

어휘 formation 형성 vary 다양하다 volcanic eruption 화산 폭발 expel 분출하다 lava 용암 earth's core 지구의 중심, 지구 핵
harden 단단해지다 igneous rock 화성암 particle 입자 weather 풍화시키다 pebble 자갈 sediment 침전물
sedimentary rock 퇴적암 striation 평행한 가는 줄 metamorphic rock 변성암 solidification 응결, 고체화 weathering 풍화 작용
compaction 압축 metamorphism 변성 작용

Jen 선생님이 알려주는 점수보장 TIP

<전환 어구 적절히 사용하기>

각 단계별로 제시된 정보가 적절한 전환 어구(예: After this/Over time/Finally 등)와 함께 답안에 어떻게 요약되었는지 숙지하면서, 과정 분석 유형(특정 제품이 만들어지는 과정이나 특정 주기가 순환되는 그림 문제)에도 철저히 대비해야 합니다. TASK1 본론 작성에 유용한 전환 어구들은 교재 앞쪽 'Jen 선생님의 IELTS Writing 고득점 전략' 부분에 정리되어있으니 암기해두시고, 여러분 스스로 답안을 작성할 때 적절히 활용하면서 연습해 보세요!

TASK 2 잡지와 신문의 역할

■ Question

You should spend about 40 minutes on this task. 이 문제에는 약 40분을 소비해야 한다.

Write about the following topic. 다음 주제에 대하여 글을 쓰시오.

> **Many newspapers and magazines feature stories about the private lives of famous people. We also often see pictures of them in private situations.**
>
> **Is it appropriate for a magazine or newspaper to give this kind of private information about celebrities?**
>
> 많은 신문과 잡지들은 유명한 사람들의 사생활에 대한 이야기를 다룬다. 우리는 또한 사적인 상황에서의 그들의 사진을 종종 본다.
> 잡지나 신문이 유명인사들에 대한 이러한 개인 정보를 제공하는 것이 적절한가?

Give reasons for your answer and include any relevant examples from your own knowledge or experience. 당신의 답안에 대한 이유를 제시하고, 당신의 지식 또는 경험에 근거한 관련 예시를 포함하시오.

Write at least 250 words. 최소 250단어를 쓰시오.

■ 모범 답안

서론	**These days**, the range of topics that magazines and newspapers write about is expanding. **It is common for** these publications **to** include stories about the private lives of celebrities. **This** is not appropriate in some situations **because** this kind of information is not useful and it may make celebrities uncomfortable.
본론 1	**Firstly**, newspapers should not be permitted to include stories about the private lives of celebrities **because** this information is not very useful to the public. **For example**, there are often stories in newspapers about what celebrities like to eat or do in their free time. **However**, if a newspaper includes information about celebrities, it should focus on their professional accomplishments or participation in public events. **In other words**, a newspaper could write an article about a celebrity's donations to a charity since this could raise awareness about important issues. **Therefore**, it should not write about any celebrity's personal life **because** people trust that newspapers will only report information that is useful to the public.
본론 2	It is **also** important for magazines not to write stories that include personal content **because** this behavior does not consider how this will affect the actual people involved. **For example**, it is common to hear of celebrity scandals that grab people's attention, but later, it is discovered that the information was untrue. **This** can make people feel mistreated because the damage a rumor can cause cannot be undone. **For these reasons**, I believe that magazines can write about celebrities, but the content should be chosen carefully.

| 결론 | On the whole, it is evident that newspapers and magazines have a responsibility to report only important public news, so they should make sure to report true content that cannot affect a celebrity's reputation negatively. |

해석 요즈음, 잡지와 신문이 쓰는 주제의 범위가 늘고 있다. 이러한 출판물들이 유명인사들의 사생활에 대한 이야기들을 포함하는 것은 흔하다. 이런 종류의 정보는 유용하지 않고, 그것은 유명인사들을 불편하게 만들 수도 있기 때문에 이것은 일부 상황들에서는 적절하지 않다.

먼저, 이 정보는 일반 사람들에게 매우 유용하지 않기 때문에 신문들은 유명인사들의 사생활에 대한 이야기들을 포함하도록 허용되어서는 안 된다. 예를 들어, 신문에는 유명인사들이 여가 시간에 무엇을 먹기 좋아하는지 또는 무엇을 하기 좋아하는지에 대한 이야기들이 종종 있다. 그러나, 만일 신문이 유명인사들에 대한 정보를 포함한다면, 그것은 유명인사들의 직업적 성과 또는 공공 행사에의 참여에 집중해야 한다. 다른 말로 하면, 신문은 유명인사의 자선단체에의 기부가 중요한 이슈들에 대한 의식을 고취시킬 수 있기 때문에 그것에 대해서는 기사를 쓸 수 있다. 따라서, 사람들은 신문이 대중에게 유용한 정보만을 보도할 것이라고 믿기 때문에 신문은 어느 유명인사의 사생활에 대해서는 쓰지 말아야 한다.

이런 행동은 관련된 실제 사람들에게 얼마나 영향을 줄 것인지를 고려하지 않기 때문에 잡지가 개인적인 내용을 포함하는 이야기들을 쓰지 않는 것 또한 중요하다. 예를 들어, 사람들의 주목을 끄는 유명인사들의 스캔들을 듣는 것은 흔하지만, 후에 그 정보는 사실이 아니었던 것으로 밝혀진다. 소문이 유발할 수 있는 피해는 되돌릴 수 없기 때문에 이것은 사람들이 혹사된 감정을 느끼도록 만들 수 있다. 이러한 이유로, 나는 잡지가 유명인사들에 대해서 (기사를) 써도 된다고 생각하지만, 그 내용은 신중하게 선택되어야 한다.

종합하면, 신문과 잡지는 중요한 공적 뉴스만을 보도할 책임이 있다는 것이 명백해서, 그것들은 반드시 유명인사의 명성에 부정적으로 영향을 줄 수 없는 진실한 내용을 보도하도록 해야 한다.

어휘 publication 출판물, 간행물 celebrity 유명인사 permit 허용하다 free time 여가 시간 accomplishment 성과 donation 기부 charity 자선단체 include 포함하다 scandal 스캔들, 추문 rumor 소문, 풍문 carefully 신중하게

Jen 선생님이 알려주는 점수보장 TIP

<현대사회의 이슈들에 관심 가지기>

IELTS WRITING에서 다루는 주제들은 굉장히 광범위합니다. 교재에 수록된 문제들을 접하면서 대부분의 주제들이 현대 사회에서 이슈가 되고 있는 다방면의 분야들과 연관되어 있다는 것을 깨달았을 것입니다. 따라서, 평소에 인터넷 상의 영문 신문이나 잡지 기사들을 통해서, technology, education, environment, health, crime 등 다양한 주제와 연관된 이슈들에 관심을 가지는 것은 시험 대비에 많은 도움이 될 것입니다.

www.goHackers.com

스타 IELTS 실전 WRITING

Actual Test 18

TASK 1
모범 답안·해석

TASK 2
모범 답안·해석

TASK 1 산업별 고용현황

■ Question

You should spend about 20 minutes on this task. 이 문제에는 약 20분을 소비해야 한다.

> **The graph below shows the number of Canadians employed in five selected industries in 1999 and 2015.**
>
> **Summarise the information by selecting and reporting the main features, and make comparisons where relevant.**
>
> 아래 그래프는 1999년과 2015년에 다섯 개의 선택된 산업에 고용된 캐나다인의 수를 보여준다.
> 주요 특징들을 선택하고 보고함으로써 정보를 요약하고, 관련 있는 곳에 비교를 하시오.

Write at least 150 words. 최소 150단어를 쓰시오.

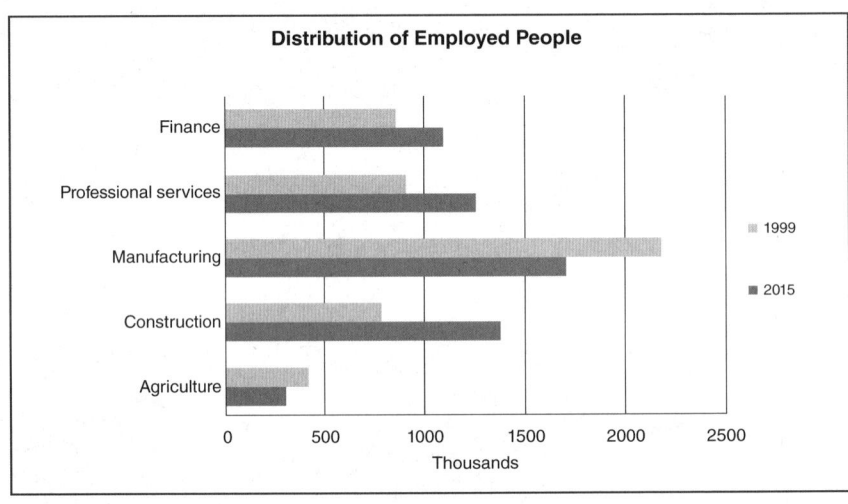

■ 모범 답안

차트 소개	**The bar graph illustrates** the number of Canadians working in five different industries in 1999 and 2015. These five industries include manufacturing, agriculture, construction, professional services, and finance.
본론 1	**According to the chart, it is clear that** the manufacturing and agricultural industries lost workers from 1999 to 2015. **As the data clearly shows**, the agricultural industry lost about 100,000 workers. The figure fell from 400,000 in 1999 to 300,000 in 2015. The manufacturing industry also lost a significant portion of its workers. This figure went from about 2.2 million in 1999 to about 1.7 million in 2015, showing a decrease of 500,000 Canadian workers.

본론 2	**On the other hand**, construction, professional services, and finance all saw significant gains in overall employment. **It is notable that** the number of workers in the construction industry doubled over the 16-year period. The figure went from approximately 700,000 in 1999 to around 1.4 million in 2015. Professional services also gained about 400,000 workers. The number went from 900,000 to 1.3 million. **Lastly,** the financial industry saw the smallest gain of about 250,000 workers, and the number of employees in this field went from about 850,000 to 1.1 million.
전체 경향	**Ultimately,** the manufacturing industry still employed the most Canadians among the five selected industries despite losing the largest number of workers **over the 16-year period. Moreover,** the agricultural industry had the smallest number of workers **in both years.**

해석 막대 그래프는 1999년과 2015년에 다섯 개의 다른 산업에서 일하는 캐나다인의 수를 보여준다. 이 다섯 개의 산업들은 제조, 농사, 건설, 전문 서비스, 그리고 금융 산업을 포함한다.

차트에 따르면, 제조업과 농업은 1999년부터 2015년까지 근로자들을 잃었다는 것이 명백하다. 자료가 명확히 보여주는 것처럼, 농업은 100,000명의 근로자를 잃었다. 수치는 1999년에 400,000명에서 2015년에 300,000명이 되었다. 제조업도 또한 근로자들의 상당 부분을 잃었다. 이 수치는 캐나다 근로자 500,000명의 감소를 보여주면서 1999년에 약 220만 명에서 2015년에 약 170만 명이 되었다.

반면에, 건설, 전문 서비스, 그리고 금융 산업들은 모두 전반적인 고용에 있어서 상당한 증가를 보였다. 건설업에 있는 근로자들의 숫자는 16년의 기간에 걸쳐서 두 배가 되었다는 것은 주목할 만하다. 이 수치는 1999년에 약 700,000명부터 2015년에 약 140만 명이 되었다. 전문 서비스업도 약 400,000명의 근로자들을 얻었다. 숫자는 900,000명부터 130만 명이 되었다. 마지막으로, 금융업은 약 250,000명 근로자의 가장 적은 증가를 보였고, 이 분야의 직원들의 숫자는 850,000명에서 110만 명이 되었다.

결국, 다섯 개의 선택된 산업들 중 제조업은 16년의 기간에 걸쳐서 가장 많은 수의 근로자들을 잃었음에도 불구하고 여전히 가장 많은 캐나다인들을 고용했다. 게다가, 농업은 두 해 모두에 가장 적은 숫자의 근로자들을 가졌다.

어휘 construction 건설 employment 고용 double 갑절이 되다, 배가하다 gain 증가, 상승 ultimately 결국, 궁극적으로

Jen 선생님이 알려주는 점수보장 TIP

<시간 재고 복습 시험 보기>

교재의 엄선된 문제들과 답안을 충분히 복습했다면, 이제 차트만 보면서 15분 정도의 짧은 시간 동안 전체 답안을 복원하는 연습을 해야 합니다. 답안을 암기하면서, 유용한 표현과 문장 구조를 익히는 것도 좋고, 외워나가면서 자연스럽게 여러분의 문체로 같은 내용을 복원하는 것도 좋은 연습입니다.

예를 들면, 오늘 답안의 마지막 문장인 전체 경향은 다음과 같이 같은 내용이지만 다른 문체로 표현될 수도 있지요.

Despite having the largest drop in employed workers, the manufacturing industry still accounted for the largest number of Canadian employees in 2015. On the other hand, agriculture employed the smallest number of people in both 1999 and 2015.

TASK 2 실제 외국여행 vs. 간접정보 활용

Question

You should spend about 40 minutes on this task. 이 문제에는 약 40분을 소비해야 한다.

Write about the following topic. 다음 주제에 대하여 글을 쓰시오.

> **Because of secondary sources such as books, movies, and the Internet, people can learn about a foreign culture without visiting a foreign country.**
>
> **To what extent do you agree or disagree?**
>
> 책, 영화 그리고 인터넷과 같은 간접 자료들 때문에, 사람들은 외국에 방문하지 않고도 외국의 문화에 대해서 배울 수 있다. 당신은 어느 정도까지 동의 또는 반대하는가?

Give reasons for your answer and include any relevant examples from your own knowledge or experience. 당신의 답안에 대한 이유를 제시하고, 당신의 지식 또는 경험에 근거한 관련 예시를 포함하시오.

Write at least 250 words. 최소 250단어를 쓰시오.

모범 답안

서론	**These days**, books, movies, and the Internet can provide information about any foreign country. **However**, the experience of visiting a country directly can still be more valuable than all of this information **because** secondary sources can misrepresent information about a culture, and by visiting a country directly, it is possible to see actual changes in society.
본론 1	**Firstly**, people should visit other countries to learn about a foreign culture **because** books, movies, and the Internet can misrepresent a culture. **It is a well-known fact that** some countries are concerned about their image abroad, so some of the cultural assets they produce may not represent life in that country in an accurate way. **For example**, a survey of tourists in the United States reported that foreign visitors to the country are surprised because there are many ordinary people unlike in the books and movies about America. **This shows that** even though there is a lot of information about all the countries of the world in books, movies and on the Internet, it is not always trustworthy.
본론 2	**Moreover**, visiting places directly is the only way to truly see how societies have changed. **This is because** societies are constantly changing, but information in books and movies cannot be changed once it is published. A visitor in a foreign country can see the history of the land and the people in real time. **On the other hand**, even though information can be collected from many different eras of a nation's history, experiencing the life of the people who have created that history adds a layer of depth that is beyond the range of information in books and movies. **This shows that** visiting a country can be a vivid experience that books and movies cannot replace.

| 결론 | **In conclusion**, it is important to visit a country directly to obtain a complete picture of its people, custom and history. **Therefore, there is no doubt that** modern people should acknowledge that learning about a country through real-life experiences is better than just using books and movies. |

해석   요즘에는 책, 영화, 그리고 인터넷이 외국에 대한 정보를 줄 수 있다. 그러나, 간접 자료들은 문화에 대한 정보를 잘못 전달할 수 있고, 나라를 직접 방문함으로써 사회의 실제 변화들을 보는 것이 가능하기 때문에 이 모든 정보보다 나라에 직접 방문하는 경험이 여전히 더 가치 있을 수 있다.

우선, 책, 영화, 그리고 인터넷은 문화를 잘못 전할 수 있기 때문에 사람들은 외국 문화에 대해 배우기 위해 다른 나라를 방문해야 한다. 몇몇 나라들이 해외에서의 그들의 이미지에 대해 신경을 쓴다는 것은 잘 알려진 사실이어서, 그들이 만들어내는 문화재의 일부는 그 나라 안의 삶을 정확하게 보여 주지 않을 수도 있다. 예를 들어, 미국 관광객들에 대한 설문 조사에서는 그 나라의 외국 방문객들이 미국에 대한 책이나 영화에서와는 달리 평범한 사람들이 많이 있어서 놀랐다고 전했다. 이것은 책, 영화, 그리고 인터넷에 세계 모든 나라들에 대한 많은 정보가 있을지라도, 그것이 항상 신뢰할 수 있지는 않다는 것을 보여준다.

게다가, 장소들을 직접 방문하는 것이 사회가 어떻게 바뀌었는지 정확히 보는 유일한 방법이다. 이는 사회는 항상 변하고 있지만, 책이나 영화 속의 정보는 일단 출간되고 나면 바뀔 수 없기 때문이다. 한 외국 방문객은 그 나라의 역사와 사람들을 실시간으로 볼 수 있다. 반면에, 한 나라 역사의 여러 다양한 시대로부터 정보가 수집될 수 있다 하더라도, 그 역사를 만들어 낸 사람들의 삶을 경험하는 것은 책이나 영화 속 정보의 범위를 뛰어넘는 깊이를 더한다. 이것은 나라를 방문하는 것이 책이나 영화가 대체할 수 없는 생생한 경험일 수 있다는 것을 보여준다.

결론적으로, 그 나라의 사람들, 관습, 그리고 역사의 완전한 그림을 얻기 위해서는 나라를 직접 방문하는 것이 중요하다. 따라서, 현대의 사람들이 실제 경험을 통해서 한 나라에 대해 배우는 것이 단순히 책과 영화를 이용하는 것보다 더 낫다는 것을 인식해야 한다는 것에는 의심의 여지가 없다.

어휘   **misrepresent** 잘못 전하다   **concerned** 염려하는, 우려하는   **asset** 자산   **accurate** 정확한   **trustworthy** 믿을 수 있는   **publish** 출간하다, 발행하다   **collect** 수집하다   **layer** 층   **beyond** 뛰어넘는, ~를 넘어서   **replace** 대체하다   **complete** 완전한   **acknowledge** 인식하다   **real-life** 실제의, 현실의

Jen 선생님이 알려주는 점수보장 TIP

< 문장의 도입부 암기해 두기 >

모범 답안을 통해서 소개하고 있는 문장의 다양한 도입부 표현들('It is evident that~.', 'It is a well-known fact that ~.', 'It is undeniable that ~.', 'It is apparent that ~.' 등)을 이용해서 빠르고 설득력 있게 답안을 작성해 보세요.

www.goHackers.com

스타 IELTS 실전 WRITING

Actual Test 19

TASK 1
모범 답안·해석

TASK 2
모범 답안·해석

TASK 1 평균 기온과 강수량

Question

You should spend about 20 minutes on this task. 이 문제에는 약 20분을 소비해야 한다.

> **The charts below show the average temperature and precipitation of Japan.**
>
> **Summarise the information by selecting and reporting the main features, and make comparisons where relevant.**
>
> 아래 차트들은 일본의 평균 기온과 강수량을 보여준다.
> 주요 특징들을 선택하고 보고함으로써 정보를 요약하고, 관련 있는 곳에 비교를 하시오.

Write at least 150 words. 최소 150단어를 쓰시오.

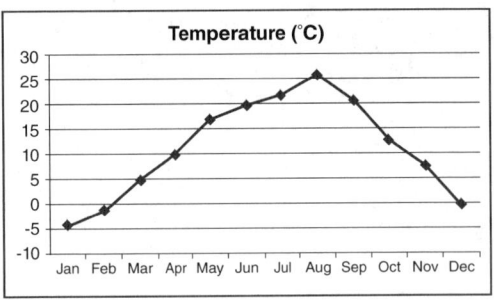
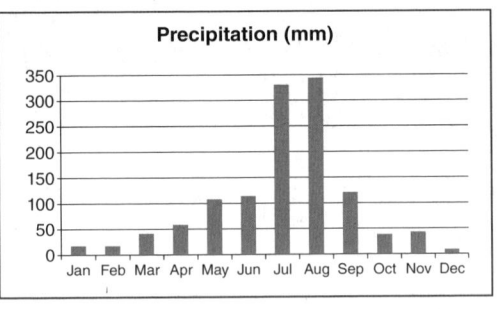

모범 답안

차트 소개	**The line graph shows** the average temperature recorded during each month of the year, **and the bar graph shows** the average amount of precipitation per month in Japan.
본론 1	**According to the first chart, it is clear that** the average temperature is lowest in January and highest in August. **It is noticeable that** the average temperature ranges from -4 degrees to 26 degrees. The speed of change from March to May **is similar to** the speed of change from September to November. **During the spring months**, the temperature rises from an average of 5 degrees to 17 degrees.
본론 2	**Furthermore, according to the bar graph**, most precipitation occurs in July and August. **During these two months**, there is more than 300 millimeters of precipitation. **It is easily observed that** all other months have figures less than 150 millimeters. **In addition**, during the winter months there is less than 50 millimeters of precipitation each month.

| 전체 경향 | **Overall, it is seen that** the change in the amount of precipitation is abrupt, but the change in temperature is more gradual. **Also,** the average temperatures are lower in the spring than in the fall. |

해석   선 그래프는 한 해의 각 달 동안 기록된 평균 기온을 보여주고, 막대 그래프는 일본의 매달 평균 강수량을 보여준다.

첫 번째 차트에 따르면, 평균 기온은 1월에 가장 낮고, 8월에 가장 높다는 것이 명백하다. 평균 기온이 영하 4도에서부터 영상 26도 사이라는 것이 눈에 띈다. 3월부터 5월까지의 변화 속도는 9월부터 11월까지 보여진 변화 속도와 비슷하다. 봄철의 달 동안에, 기온은 평균 5도부터 17도까지로 상승한다.

게다가, 막대 그래프에 따르면, 대부분의 강수량은 7월과 8월에 생긴다. 이 두 달 동안에, 300 밀리미터 이상의 강수량이 있다. 다른 모든 달들은 150 밀리미터 이하의 수치를 가지고 있다는 것은 쉽게 관찰된다. 게다가, 겨울철의 달 동안에는, 매달 50 밀리미터 이하의 강수량이 있다.

전반적으로, 강수의 양에 있어서의 변화는 갑작스럽지만, 기온에 있어서의 변화는 점진적이라는 것이 보여진다. 또한, 평균 기온들은 가을보다 봄에 더 낮다.

어휘   **precipitation** 강수량   **range** ~ 사이이다   **noticeable** 눈에 띄는, 분명한   **abrupt** 갑자기 변하는   **gradual** 점진적인

Jen 선생님이 알려주는 점수보장 TIP

< 다양한 주제의 차트 접해보기 >

TASK2에 다양한 주제가 출제되는 것처럼 TASK1에도 다양한 주제가 담긴 차트가 출제됩니다. 이번 테스트처럼 특정 나라의 평균 기온과 강수량 관련 차트가 시험에 나올 수도 있고, '이산화탄소 배출량', '특정 물건의 판매', 또는 '인구의 증가/감소' 등 다양한 주제의 차트가 출제될 수도 있지요. 교재에 엄선되어 수록된 차트들을 풀이하면서, 각 차트에서 요구하는 주제별 어휘 구사력과 문제 풀이 능력을 향상시켜서 실전에 대비해야 합니다.

TASK 2 대중매체가 조장하는 외모의 기준

Question

You should spend about 40 minutes on this task. 이 문제에는 약 40분을 소비해야 한다.

Write about the following topic. 다음 주제에 대하여 글을 쓰시오.

> **The media promotes ideal images of male and female beauty.**
> **What are the problems associated with this and how can this problem be solved?**
>
> 대중매체는 남성미와 여성미의 전형을 조장한다.
> 이것과 연관된 문제들은 무엇이고, 이 문제가 어떻게 해결될 수 있는가?

Give reasons for your answer and include any relevant examples from your own knowledge or experience. 당신의 답안에 대한 이유를 제시하고, 당신의 지식 또는 경험에 근거한 관련 예시를 포함하시오.

Write at least 250 words. 최소 250단어를 쓰시오.

모범 답안

서론	**In the media**, there are images of male and female beauty that are promoted as ideal. These ideals **should be discussed in society because** they can make people think negatively about their appearance if they look different. Since ideals about beauty can give pressure to young people, I believe that they are harmful on society.
본론 1	**Many experts believe that** the ideal images of male and female beauty portrayed in the media negatively affect people's quality of life. **Due to** the media, women feel a pressure to always look beautiful, and men think that they must look tough and strong. **Sometimes**, people who do not fit these social expectations are excluded from society or suffer persecution for having a different appearance. **According to** the United Nations, people who do not conform to social standards of beauty are less likely to find a spouse or achieve professional success. **This shows that** society promotes bias based on appearance, and this can have profound effects on people's quality of life.
본론 2	**To solve this problem**, the media should make sure that a variety of appearances are shown often in movies, magazines, and advertisements. **This** will help to eliminate pressure to achieve an ideal appearance and show people that outer beauty does not determine social success. **In fact**, efforts to show a wider range of ideal appearances in several forms of media content have lowered the prevalence of eating disorders and depression caused by the pressure to be attractive. **This shows that** a more inclusive view of what is considered to be beautiful has a positive effect on health and self-confidence. **Therefore**, requiring the media to portray many forms of beauty can alleviate the negative effects of beauty standards on society.

결론	In conclusion, beauty standards **harm society by** suggesting that there is only one appearance that is truly beautiful. **However, efforts to** show many forms of beauty in the media **can solve this problem.**

해석   대중매체에는, 이상적인 것으로 조장되는 남성과 여성미의 전형들이 있다. 사람들이 다르게 보이면 그들의 외모에 대해 부정적으로 생각하도록 만들 수 있기 때문에 이 전형들은 사회에서 논의되어야 한다. 미에 관한 전형들은 젊은 사람들에게 압박을 줄 수 있기 때문에 나는 그것들이 사회에 해롭다고 생각한다.

많은 전문가들은 대중매체에서 묘사되는 남성미와 여성미의 이상적인 전형들은 사람들의 삶의 질에 부정적인 영향을 준다고 생각한다. 대중매체 때문에, 여성들은 항상 아름다워 보여야 한다는 부담을 느끼고, 남성들은 그들이 어려움에 잘 견디고 강해 보여야 한다고 생각한다. 가끔은, 이러한 사회적 기대에 맞지 않는 사람들이 사회에서 배제되거나 다른 외모를 가졌다는 것으로 박해를 받는다. UN에 따르면, 아름다움의 사회적 기준에 순응하지 않는 사람들은 배우자를 찾거나 직업적으로 성공할 가능성이 더 적다고 한다. 이것은 사회가 외모에 기반한 편견을 조장한다는 것을 보여주고, 이는 사람들의 삶의 질에 상당한 영향을 미칠 수 있다.

이 문제를 해결하기 위해서, 대중매체는 다양한 외모가 영화, 잡지, 그리고 광고에 자주 보여지도록 확실히 해야 한다. 이것은 이상적인 외모를 가지기 위한 부담을 없애도록 도울 것이고, 외면의 아름다움이 사회적 성공을 결정하지는 않는다는 것을 사람들에게 보여줄 것이다. 실제로, 여러 형태의 매체 내용에서 더욱더 다양한 이상적인 외모를 보여주려는 노력들은 매력적으로 보이기 위한 부담으로 인해 유발되는 식이 장애와 우울증의 확산을 줄였다. 이것은 무엇이 아름답다고 여겨지는지에 대한 더욱 포괄적인 시각이 건강과 자신감에 긍정적인 영향을 미친다는 것을 보여준다. 따라서, 대중매체에 아름다움의 다양한 형태를 보여주도록 요구하는 것은 사회의 미적 기준들의 부정적인 영향들을 완화할 수 있다.

결론적으로, 미적 기준들은 정말로 아름다운 단 하나의 외모만이 있다고 제안함으로써 사회에 해를 끼친다. 그러나, 대중매체에서 아름다움의 다양한 형태를 보여주려는 노력들이 이 문제를 해결할 수 있다.

어휘   **promote** 조장하다 **ideal** 이상적인; 전형 **appearance** 외모 **pressure** 압박 **affect** 영향을 주다 **expectation** 기대
        exclude 배제하다, 제외하다 **persecution** 박해, 괴롭힘 **spouse** 배우자 **professional** 직업적인 **profound** 상당한 **eliminate** 제거하다
        social success 사회적 성공 **prevalence** 보급, 확산 **disorder** 장애, 질환 **inclusive** 포괄적인 **alleviate** 완화하다

Jen 선생님이 알려주는 점수보장 TIP

<헷갈리는 어휘 정리해두기>

본문의 문장 "This can have profound effects on people's quality of life."에서 사용된 명사 **effect**는 학생들이 동사 **affect**와 많이 헷갈려 하는 어휘로 꼽힙니다.(동사 **affect**를 명사로 쓰거나, 명사 **effect**를 동사로 쓰는 실수를 자주 봅니다.) 명사 **effect**는 'have positive/negative effects on'(~에 긍정적/부정적 영향을 미치다)과 같은 구조로 자주 쓰이고, **affect**는 '~에 영향을 미치다'라는 타동사입니다.

ex) These changes have social effects which affect how people live their lives.
    이러한 변화들은 사람들이 그들의 삶을 어떻게 사는지에 영향을 주는 사회적 영향을 가지고 있다.

여러분이 자주 사용하는 **efficient**와 **effective** 또한 많은 경우 동의어로 사용될 수도 있지만, 특정 경우에 혼동되어 잘못 쓰이기도 하는 어휘들입니다. 표현하고자 하는 의도에 따라 더 적절한 단어를 선택해야 하는 경우가 있기 때문이지요. 예를 들어, **efficient plan**을 '효과적인 계획'이라고 해석한다면, **effective plan**은 '효과를 기대할 수 있는 계획'이라고 해석하여, 계획이 효과적일 가능성이 있다는 것을 더 표현합니다. 자주 무시되는 미미한 차이지만, 이러한 경우도 있다는 것을 인식하면서 전반적 어휘 선택을 신중하게 해야 합니다.

www.goHackers.com

스타 IELTS 실전 WRITING

Actual Test 20

TASK 1
모범 답안·해석

TASK 2
모범 답안·해석

TASK 1 음악 앨범 판매

■ Question

You should spend about 20 minutes on this task. 이 문제에는 약 20분을 소비해야 한다.

> **The chart below shows the sales of music albums in Spain between 1980 and 2010.**
>
> **Summarise the information by selecting and reporting the main features, and make comparisons where relevant.**
>
> 아래 차트는 1980년과 2010년 사이 스페인에서의 음악 앨범 판매를 보여준다.
> 주요 특징들을 선택하고 보고함으로써 정보를 요약하고, 관련 있는 곳에 비교를 하시오.

Write at least 150 words. 최소 150단어를 쓰시오.

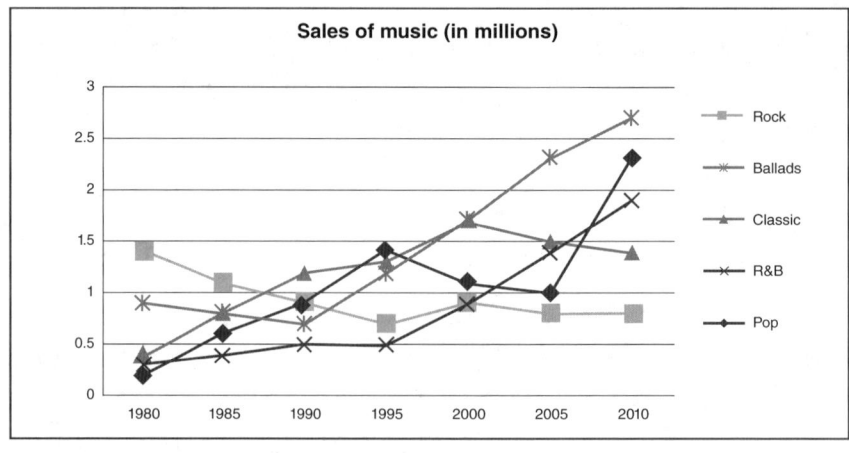

■ 모범 답안

차트 소개	The line graph depicts sales data about five different genres of music between 1980 and 2010.
본론 1	The most notable characteristic of the data recorded in 1980 is the fact that classic, R&B, and pop are the three least popular genres. Each of these genres sold fewer than half a million records. In the same year, rock and ballad sales were roughly three and two times higher than the other genres, respectively. However, between 1980 and 1990, the three other genres all increased in popularity to some extent.
본론 2	In the second half of the period, there were many noticeable changes. Firstly, the overall sales increased dramatically starting in 1995. Until 1995, no genre had sold more than 1.5 million copies in a year. However, by the end of the period, the two most popular genres(ballads and pop) totaled approximately 5 million sales.

	Lastly, even though most genres showed increases in sales, sales of rock music had steadily declined from 1.4 million in 1980 to 0.8 million in 2010.
전체 경향	**Overall, it is seen that** music sales generally increased, and the largest changes in total sales can be seen in ballad, pop, and R&B sales.

해석   선 그래프는 1980년부터 2010년 사이 음악의 다섯 가지 장르들에 대한 판매 자료를 보여준다.

        1980년에 조사된 자료의 가장 주목할 만한 특징은 classic, R&B, 그리고 pop이 세 개의 가장 인기 없는 장르들이라는 사실이다. 이 장르들 각각은 50만 장 보다 적게 팔렸다. 같은 해에, rock과 ballad 판매는 다른 장르들보다 각각 대략 세 배 그리고 두 배 더 높았다. 그러나, 1980년과 1990년 사이에, 다른 세 장르들은 인기 면에서 모두 어느 정도까지 증가했다.

        기간의 후반에는, 많은 두드러진 변화들이 있었다. 우선, 전반적인 판매가 1995년을 시작으로 극적으로 증가했다. 1995년까지는, 어느 장르도 한 해에 150만 장 이상 팔리지 않았다. 그러나, 기간의 끝에서는, 두 개의 가장 인기 있는 장르들(ballads와 pop)의 합이 500만 장 판매되었다. 마지막으로, 대부분의 장르들은 판매에 있어서 증가를 보였지만, rock 음악의 판매는 1980년에 140만 장부터 2010년에 80만 장까지 꾸준하게 하락했다.

        전반적으로, 음악 판매는 일반적으로 증가했다는 것이 보여지고, 총 판매에 있어서 가장 큰 변화들은 ballad, pop, 그리고 R&B 판매에서 보여질 수 있다.

어휘   **genre** 장르   **characteristic** 특징   **extent** 정도   **noticeable** 두드러진   **dramatically** 극적으로   **total** 합이 ~가 되다

Jen 선생님이 알려주는 점수보장 TIP

< 항목 이름 주의해서 쓰기 >

문제를 풀이해오면서 이미 깨달았겠지만, 차트에 제시된 항목들의 이름을 무조건 소문자 또는 대문자로 쓰거나, 차트에 제시되었다는 이유로 무조건 정관사 the를 붙일 수는 없습니다. 매번 차트가 제시될 때마다, 명사의 종류를 파악해서 결정해야 하고, 그러한 결정 능력을 테스트하는 것 또한 이 어학 능력 시험의 목적입니다. 대부분의 나라 이름이나 도시 이름들은 첫 글자를 대문자로 유지하지만, 과일 이름이나 에너지원의 이름 등은 차트에 대문자로 표기되어있어도 소문자로 표현하는 것에 익숙해져야 합니다.

TASK 2 협력하는 것 vs. 모방하는 것

Question

You should spend about 40 minutes on this task. 이 문제에는 약 40분을 소비해야 한다.

Write about the following topic. 다음 주제에 대하여 글을 쓰시오.

> **Learning from other people's work can have advantages (by copying other people's thoughts), but too much copying can lead to plagiarism.**
>
> **Discuss both these views and give your own opinion.**
>
> (다른 사람의 생각을 모방함으로써) 다른 사람의 성과로부터 배우는 것은 이점을 가질 수 있지만, 너무 많은 모방은 표절에 이를 수 있다.
> 두 입장을 모두 논의하고 당신의 의견을 제시하시오.

Give reasons for your answer and include any relevant examples from your own knowledge or experience. 당신의 답안에 대한 이유를 제시하고, 당신의 지식 또는 경험에 근거한 관련 예시를 포함하시오.

Write at least 250 words. 최소 250단어를 쓰시오.

모범 답안

서론	Copying other people's work **is a phenomenon that is becoming more common these days**. Many areas of society such as business and education are affected by this phenomenon in positive and negative ways, **so ideas concerning this topic are contentious**.
본론 1	**In modern society**, many new ideas are being copied in various ways. **People who approve of this phenomenon assert that** if many people work together to try various research methods, a successful outcome will be more likely. **For example**, when scientists develop new medicines to treat diseases, many companies copy the work of the original inventor's basic formula in order to discover methods to improve the medicine. In America, many new medicines that treat mental disorders were developed using this strategy. **This shows that** copying someone's idea and working together can produce a positive outcome.
본론 2	However, others believe that copying someone else's ideas **can have negative consequences as well. In particular**, when people copy other people's ideas without permission, it becomes difficult to protect new inventions from being stolen. In business, when a company discovers a new invention, they have to protect their inventions from competitors with a patent if they are going to make a profit. **In this case**, copying the invention without permission is illegal. **This often leads to** serious punishments such as fines or a lawsuit. **Thus, it is clear that** there are disadvantages of plagiarizing people's ideas in some contexts.

| 결론 | On the whole, copying other people's ideas **can lead to positive and negative outcomes depending on the situation.** Doing this can sometimes bring positive effects like new developments in medicine, but copying patented ideas can lead to serious punishments. **Therefore,** people should know how to judge the situation appropriately. |

해석 다른 사람의 성과를 모방하는 것은 요즘 더욱 흔해지고 있는 현상이다. 상업이나 교육 같은 사회의 많은 분야들이 이 현상에 의해 긍정적이고 부정적인 영향을 받고 있어서, 이 주제에 관한 아이디어는 논쟁적이다.

현대 사회에서는, 많은 새로운 아이디어들이 다양한 방식으로 모방된다. 이 현상을 지지하는 사람들은 다양한 연구 방법들을 시도하기 위해 많은 사람들이 협력한다면, 성공적인 결과가 더 있을 법하다고 주장한다. 예를 들어, 과학자들이 질병을 치료하기 위한 새로운 의약품을 개발할 때, 많은 기업들은 그 약을 개선하기 위한 방법을 발견하기 위해 최초 창안자의 기본 조제법을 모방한다. 미국에서는, 정신병을 치료하는 많은 새로운 의약품들이 이런 방법을 이용하여 개발되었다. 이것은 다른 이의 아이디어를 모방하고, 함께 협력하는 것이 긍정적인 결과를 만들어 낼 수 있다는 것을 보여준다.

그러나, 다른 이들은 누군가의 아이디어를 모방하는 것이 부정적인 결과 또한 가질 수 있다고 생각한다. 특히, 사람들이 다른 이들의 아이디어를 허가 없이 모방할 때, 새로운 창작물을 도용되는 것으로부터 보호하는 것이 어렵게 된다. 상업에서는, 한 회사가 새로운 창작물을 발견할 때, 그들이 수익을 창출할 것이라면, 특허를 이용해 그들의 창작물을 경쟁업체로부터 보호해야 한다. 이러한 경우, 허가 없이 창작물을 모방하는 것은 불법이다. 이것은 종종 벌금이나 소송 같은 심한 처벌로 이어진다. 따라서, 몇몇 상황에서는 사람들의 생각을 표절하는 것에 대한 불이익이 있다는 것은 명백하다.

전반적으로, 다른 사람들의 아이디어를 베끼는 것은 상황에 따라 긍정적이고 부정적인 결과를 초래할 수 있다. 이렇게 하는 것은 때때로 의학계의 새로운 발전 같은 긍정적인 효과를 사회에 가져올 수 있지만, 특허 받은 아이디어를 모방하는 것은 심각한 처벌을 초래할 수 있다. 그러므로, 사람들은 상황을 적절하게 판단할 줄 알아야 한다.

어휘 **work** 성과, 업적 **plagiarism** 표절 **contentious** 논쟁을 불러일으키는 **approve of** 지지하다 **mental disorder** 정신질환 **strategy** 전략 **consequence** 결과 **permission** 허가, 승인 **patent** 특허 **illegal** 불법의 **lead to** ~에 이르다

Jen 선생님이 알려주는 점수보장 TIP

<영어실력 향상을 목표로 공부하기>

IELTS 시험을 준비하는 학생들 중에는 실력 향상에는 관심이 없고, 원하는 점수만 빨리 받아내려는 태도로 공부하는 학생들이 있습니다. 이런 학습자들은 오히려 자신을 조급하게만 만들뿐 결국 영어 실력도, 시험 점수도 오르지 않습니다. 전략적으로 시험 대비를 하되, 궁극적으로는 영어 실력 향상을 추구해야 목표 점수에 더욱 빨리 도달할 수 있습니다.

IELTS 라이팅/스피킹 무료 첨삭 게시판 · IELTS 공부전략 무료 강의 · 무료 IELTS 자료게시판
고우해커스 goHackers.com

IELTS 인강
해커스인강 HackersIngang.com

고우해커스

두려워 마라!

고우해커스에는 다-있다!
전세계 유학정보의 중심

goHackers.com

**200여 개의
유학시험/생활정보**
게시판

**17,000여 건의
해외 대학 합격 스펙**
게시글

**IELTS부터 유학,
워킹홀리데이,
중/고등 유학정보까지**
다루는 방대한 게시글

외국어학원 1위 해커스

[1위] 한국표준협회 선정, 2019 프리미엄 브랜드 지수(KS-PBI) 종합외국어학원 부문 1위

영역별 / 레벨별 IELTS 전문 스타강사진

IELTS 성적공개 수강후기 작성자
5명 중 4명 Overall 7.0 이상!

추천 강의

7.0+ 실전종합반

· 한 달 만에 7.0+ 달성할 수 있는 커리큘럼
· 전용 강의실/자습실 무료
· Trial Test 2회 진행

[5명 중 4명 Overall 7.0 이상] 해커스 아이엘츠 수강생 성적 공개 수강 후기 작성자기준(14.03.06~18.11.27 총 37명 기준)

IELTS 목표점수를 단기에 달성하고 싶다면? | 해커스어학원 ▼ | 검색